アメーバ経営

ひとりひとりの社員が主役

稲盛和夫

日経ビジネス人文庫

企業経営に心血を注いで五十余年――。
人間のあり方、リーダーのあり方、経営のあり方を学び、
アメーバ経営を創り出すことができました。

アメーバ経営——文庫版の発刊にあたって

百年に一度と言われる金融危機以来、日本経済は回復傾向にはあるものの、激動する世界経済のなか、依然、予断を許さない状況にある。さらに、中国、インドなどに代表される新興国の台頭により、グローバルな市場競争は厳しさを増す一方である。

日本経済がその輝きを取り戻すためには、大企業はもとより中小企業に至るまで、全社一丸となって戦える強い組織体制をつくりあげ、企業体質を一段と強化することが求められている。

そのような折に、二〇〇六年に出版した『アメーバ経営』を文庫本として発刊をしたいという依頼を日本経済新聞出版社からいただいたことは、大変時宜を得たことであると思い、よろこんでお引き受けすることにした。

会社経営に携わるようになってから、私は、従来からのオーソドックスな経営管理のあり方に疑問を感じていた。大企業のように複雑化した組織をトータルで管理しようとすれば、組織の末端にある現場にまで目が行き届かず、「大企業病」と呼ばれるさまざまな弊害を引き起こすため、企業の収益性は低下せざるを得ない。

一方、私が経営の実体験のなかで創り出した「アメーバ経営」は、大きな組織を独立採算で運営する小集団に分けて、その小さな組織にリーダーを任命して、共同経営のようなかたちで会社を経営する。

このような経営手法を用いれば、会社の隅々にまで目が行き届き、きめ細かな組織運営がおこなえるようになるので、それまで収益性が低迷していた会社でも、想像もつかないほどの高収益企業に変身することができる。

アメーバ経営では、会社の経営方針のもと、アメーバリーダーにその経営が任されている。リーダーは小さな組織の経営者として、上司の承認を得ながら自ら経営計画を立て、実行の任にあたる。そのため、アメーバ経営では、経験は短くても経営者意識にあふれるリーダーを育成することができる。

そのリーダーが中心となり、アメーバの構成メンバーは、自らの目標を立てて、それぞれの立場で目標達成に向けて最大限に努力する。その結果、全員が目標達成に向けて力を結集する「全員参加経営」が実践できるのである。

つまり、アメーバ経営とは、組織を小集団に分け、市場に直結した独立採算制により運営し、経営者意識を持ったリーダーを社内に育成すると同時に、全従業員が経営に参画する「全員参加経営」を実現する経営手法なのである。


このように「経営を成功に導くための管理会計」として、私はアメーバ経営を進化させてきた。京セラが多角化をおこない、グローバル化を進めるなかで高収益経営を続けることができたのは、アメーバ経営を実践してきたおかげである。

また、私が徒手空拳で創業した第二電電（現KDDI）でも、アメーバ経営に基づく「部門別管理会計システム」を構築してきた。そのことが、環境変化の激しい通信業界においてKDDIの経営判断を的確なものとし、同社発展の原動力となっている。

さらに、京セラ関連会社によるアメーバ経営コンサルティングを受けた会社は、いまでは約四百社に及び、大いに業績を伸ばしている。これらの実例が示すように、アメーバ経営を真摯に学び、実践していけば、企業の経営体質は飛躍的に向上するものと確信している。

なお、本書は一九九八年に上梓した『稲盛和夫の実学　経営と会計』(日本経済新聞出版社刊)の第二弾として、私の経営学の根幹をなす経営手法を明らかにしたものである。

長年にわたり私が創意工夫を重ねてきた「アメーバ経営」の真髄である本書を、さまざまな組織で活躍するリーダーや経営管理、会計に携わる方々にお読みいただき、自らの組織の活性化に役立てていただければ、望外の喜びである。

日本の会社や組織が、アメーバ経営の手法を用いることでさらに発展し、そこで働く人々が生きがいのある幸福な人生を送ることを心より祈念している。

二〇一〇年一〇月

稲盛　和夫

アメーバ経営　目次

第1章 ひとりひとりの社員が主役

第2章　経営には哲学が欠かせない

第4章　現場が主役の採算管理――時間当り採算制度

第1章

ひとりひとりの社員が主役

1　アメーバ経営の誕生

七名の同志とスタートした会社

最初に、アメーバ経営を理解するうえで必要な京セラ創業の歴史と経営理念について簡単に述べておきたい。

鹿児島大学工学部を卒業後、私は縁あって京都の碍子《がいし》メーカー、松風《しょうふう》工業に就職した。その会社で当時新しい分野であったニューセラミックスを研究し、その事業化に成功した。だが、新しく上司となった研究部長と新製品の開発をめぐり意見が対立した。技術者としての夢を実現できないことを知った私は、その場で退社を決意した。

幸い支援してくださる方々があり、私は松風工業からついてきてくれた七名の同志とともに、京都セラミック（現京セラ）を創業することになった。創業資金を私が出したわけではなく、私の技術を世に問う場として、支援してくださる方々の資金的な援助により設立された会社であった。

私の家が裕福で資産があり、それを元手にして会社をつくったのであれば、会社のあり方そのものが変わっていただろう。だが、お金もなく、経験もなく、大した技術や設備があるわけでもなく、あるのは信頼できる仲間たちという、パートナーシップを基礎として創立された会社であった。

会社を始めるにあたって、当時、宮木電機の専務をしておられた西枝一江《にしえだいちえ》さんに一方ならぬお世話になった。西枝さんは、「あなたは考え方がしっかりしていて、見所があると思ったのでお金を出したのです。これから会社を始めるのに、金に使われるような経営をやったのでは駄目です。あなたの技術を出資とみなして、あなたにも株を持ってもらいます」と言って、最初から技術出資として私に株を持たせ、いわゆるオーナー経営者としての道を歩ませてくれた。

そういう温かい心により会社をスタートしたため、信頼できる仲間同士という、心と心の絆《きずな》が京セラの経営のベースとなっている。

当時、私は、経営に関してはまったくの素人であったので、何を頼りに経営をしていくべきかで絶えず悩んでいたが、やがて、京セラ創業のベースとなった「人の心」というものが経営を進めていくうえで大切なものではないだろうかと考えるようになった。

非常に移ろいやすいのも人の心なら、ひとたび結ばれると世の中でこれくらい強固なものもない。歴史をひもといても、人の心がどれほど偉大なことを成しうるかということは枚挙《まいきょ》に遑《いとま》がない。集団を率いていくには、結局、人の心を頼りにする以上に確かなものはない、と考えたのである。

アメーバ経営においても、人の心がベースとなっている。人体に何十兆という細胞があり、ひとつの意志のもと、すべてが調和しているように、会社にある何千というアメーバ（小集団組織）がすべて心を合わせてこそ、会社は一丸となれるのである。

ときには競争することがあっても、アメーバはお互いに尊重し、助け合わなければ、会社全体としての力を発揮することはできない。そのためには、会社のトップからアメーバの構成員に至るまで、信頼という絆で結ばれていることが前提となる。

経営理念の確立

創業二年目に、高校を卒業したばかりの新入社員を一〇名ほど採用し、一年間ほど働いてもらったときのことである。少しは仕事を覚えたかなと思っていると、私のところへ突然、処遇の改善を要求してきた。血判状をつくって、要求を突きつけてきたのだ。

そのなかには、「最低いくらの昇給、ボーナスを将来にわたって保証せよ」という要求が含まれていた。私は彼らの採用時から「どれだけのことができるかは、まだわからないが、いまから一生懸命がんばって、立派な会社にしたいと思う。そういう会社で働いてみる気はありませんか」と話をしていた。それなのに、たった一年間働いただけで、「将来を保証してもらわなければ辞める」と言い出したのだ。

私は「受けられない」ときっぱり答えた。まだ経営を始めて二年ほどしか経っていないので、私自身、自信はなかった。それなのに、社員を引きとめるために「将来の処遇まで保証する」と言ったなら、それは嘘になる。私は若手社員に向かって「将来は、みなさんの要求よりもっとよいことができるよう全力を尽くす」と答えた。

話し合いは会社だけで決着せず、私の自宅で深夜にまで及んだが、彼らは頑として応じない。日を改めて、「自分だけが経営者としてうまくいけばいい、というような考えは毛頭持っていない。この会社に入ってきたみんなが本当によかったと思うようにしたい」と繰り返した。しかし、血気盛んな若者たちは、「資本家とか経営者というのは、そういう調子のいいことを言ってわれわれを騙《だま》す」と受けつけない。

そのころ、私はわずかな給料のなかから、故郷の両親のもとに仕送りを続けていた。私は七人兄弟の次男で、戦後、家族は貧しい生活を送っていた。兄や妹たちは自分の進学をあきらめて私を大学にやってくれたのだ。そんな家族の面倒さえ十分にみることができない私が、たまたま会社に就職した従業員の将来まで保証しなければならないのか。それではあまりにも割に合わないという気持ちでいっぱいになった。

だが、すでに会社を創業している。恩人である西枝さんは、家屋敷を担保に入れてまで会社を支援してくださっている。いまさらやめるというわけにはいかなかった。追い込まれた私は若手社員に対して真剣勝負を挑んだ。

「会社を辞める勇気があるなら、なぜ私を信じる勇気を持たないのか。私は命をかけて、みんなのためにこの会社を守っていく。もし、私が、私利私欲のために会社を経営するようなことがあったら、私を刺し殺しても構わない」

話し合いは三日三晩に及んだが、ようやくみんなが納得し、会社に残ってくれることになった。だが、この交渉の後、私は会社が存在する意義について、改めて考えざるをえなかった。こんなささやかな会社でも、若い社員たちは一生を託そうと入社してくる。

数週間、重苦しい気分のまま考え続けた末、私はこう考えた。

「そもそも私は、技術者としての夢を実現するために会社を起こしたのだが、いざ会社を創業してみると、社員は自分の一生を託して入社してくる。だから、会社には、私の夢の実現以上に大切な目的がある。その目的とは、従業員やその家族の生活を守り、その幸せを目指すことなのだ。私が先頭に立って従業員の幸せを目指すことが、私の運命なのだ。

そこで、私は、京セラの経営理念を「全従業員の物心両面の幸福を追求すると同時に、人類、社会の進歩発展に貢献すること」と定めた。

これにより京セラは、全従業員の物心両面の幸せを追求し、世のため人のために貢献する会社として、その存在意義が明確となった。従業員は京セラを「自分の会社」と思い、あたかも自分が経営者であるかのように懸命に働いてくれるようになった。そのころから、私と従業員の関係は、経営者と労働者という間柄ではなく、同じ目的のために努力を惜しまない同志となり、全従業員のあいだに真の仲間意識が生まれるようになった。

アメーバ経営は、小集団独立採算により全員参加経営をおこない、全従業員の力を結集していく経営管理システムである。それには、全従業員が何の疑いもなく全力で仕事に打ち込める経営理念、経営哲学の存在が必要なのである。

大きくなった組織を小集団に

創業後の京都セラミックは、いままで市場に存在しなかったさまざまなファインセラミック製品を開発し、次々に製品化していった。そのため、会社の規模は急速に拡大し、最初は二八名だった従業員数も、五年もしないうちに一〇〇名を超え、やがて二〇〇名、三〇〇名と増えていった。

それにもかかわらず、当時の私は、製品の開発から、製造、営業まで、ひとりで走り回っていた。もう私自身の体がもたないし、仕事もうまく回らなくなる。「中小企業と腫れ物は大きくなると潰れる」――中小企業がどんぶり勘定のままで大きくなれば管理不可能となり潰れるとよく言われるが、当時の会社は、すでにその状況に近づいていた。

当時の私に経営学や組織論などの知識があれば、大きくなった組織をどのようにコントロールしたらいいのか、それなりに解決できたかもしれない。だが、そんな知識はもとよりないし、毎日毎日、夜遅くまで働いているのだから、新たに勉強する暇もない。

当時は、経営コンサルタントという職業があることすら知らなかった。もし知っていたら、無理にお金を工面してでも教えを受けていたかもしれないが、頼るものを持たない私は、成長を続ける会社をどうすれば運営していけるのか、ひとりで悩み続けた。

そんなある日、突如ある考えがひらめいた。

「従業員が一〇〇名のころまではひとりでやれたんだから、会社を小集団の組織に分けたらどうだろう。一〇〇名を管理できるリーダーはまだいないかもしれないが、二〇〜三〇名の小集団を任せられるリーダーは育ってきている。そういう人に小集団のリーダーを任せて管理してもらえばよいではないか」

さらに「どうせ会社を小集団に分けるなら、その組織を独立採算にできないだろうか。会社をビジネスの単位になりうる最小の単位にまで分割し、その組織にそれぞれリーダーを置いて、まるで小さな町工場のように独立して採算を管理してもらえばよい」と考えたのである。

各組織を独立採算制で管理するには、損益計算が不可欠になるが、専門的な決算書では素人にとってわかりにくい。そこで、会計知識を持たない人でもわかるように、損益計算書に工夫を加え、わかりやすくした「時間当り採算表」を作成した。

これは、後ほどくわしく説明するが、「売上を最大に、経費を最小にすれば、その差である付加価値も最大になる」という経営の原則を採算表の形で表したものだ。採算表では、売上に相当する項目を設けて、その下に必要な経費項目（労務費を含まない）をあげ、その差を集計することで採算が一目でわかる仕組みになっている。

この「時間当り採算表」を使えば、小集団のリーダーは現場の採算管理を容易にできるから、「うちの部門の採算を高めていくには、この経費を減らさなければならない」とメンバーに指示することができる。また、現場のメンバーも、この採算表であれば容易に理解できるから、すべての従業員が経営に参加することができる。つまり、リーダーを育てると同時に、経営に関心を持ち、経営者マインドを持った従業員を社内に増やしていくことができる。

当時はまだ労使対立が激しく、労働争議も頻発している時代であり、物事を「資本家対労働者」という対立構造でしか考えようとしない風潮があった。そのため、経営者はなるべく従業員につけ込まれないよう、経営の実態を従業員に教えないというのが常識であった。そんな時代にあっても、京セラは経営内容を従業員にガラス張りにする「時間当り採算制度」を導入し、会社の状況をできる限りオープンにするようにしたのである。

会社の状況をオープンにすることで、従業員の参画意識を高め、やる気を引き出すことができると気づいた私は、このアメーバ経営を京セラの経営管理の根幹に置くことを決めた。それ以降、アメーバ経営は、経営管理の側面から京セラの急成長を推進する原動力となった。

アメーバ経営が目指す三つの目的

アメーバ経営は、世間でもてはやされているような経営ノウハウではない。ただの経営ノウハウであれば方法や手順さえ学べばよいが、アメーバ経営はやり方だけを真似してみても、うまく機能しない。その理由は、アメーバ経営は、経営哲学をベースにした、会社運営にかかわるあらゆる制度と深く関連するトータルな経営管理システムだからである。アメーバ経営は、経営のすべての分野に密接にかかわっており、その全体像を明らかにすることは容易でない。したがって、アメーバ経営を学ぶにあたっては、アメーバ経営の目指すところをよく理解しておくことが肝要である。

以下では、アメーバ経営の目的を解説することにより、アメーバ経営が何を目指した経営システムなのか、その本質を明らかにしたいと思う。

アメーバ経営には、大きく分けると次の三つの目的がある。これらについて、順を追って述べていきたい。

第一の目的　市場に直結した部門別採算制度の確立

第二の目的　経営者意識を持つ人材の育成

第三の目的　全員参加経営の実現

2 市場に直結した部門別採算制度の確立

必要なのは過去の数字ではなく「現在の数字」

私が大学を卒業し、最初に就職した松風工業には、他の会社と同様に経理部、総務部、人事部などの管理部門があった。そのため、専門的な仕事はそのような部門に任せ、私は担当していた新製品の研究開発、製造、販売に専念していればよかった。経理に関しても、事業部の収支計算を経理部がすべてやってくれるので、私はまったく関与していなかった。

その後、松風工業を退社し、二七歳で京都セラミックを創業したとき、経営にほとんど素人であった私は、前の会社の上司であり、会社創業の恩人でもある青山政次《あおやままさじ》さんに経理の仕事全般を見ていただいていた。青山さんは、私が以前勤めていた会社で管理部長をしていたので、原価計算にも精通していた。

創業して数カ月ほど経ったころだろうか。日々の経理の伝票を処理するかたわらで原価計算をしていた青山さんが、私にその結果をまとめた資料を見せに来られた。「稲盛君、これが三カ月前に出荷した製品の製造原価だ」と事細かに説明する。

当時、私は製品の開発から製造、営業とすべての分野をひとりで見ており、一日中走り回っていた。何カ月も前の原価をじっくり見ている暇などない。相槌を打ちながら、説明を適当に聞き流していた。

すると、青山さんは私が原価計算を軽く見ていると思われたのだろう。あえて何度も、私のところへ原価表を持ってきては説明を繰り返した。

あまりたびたび来られるので、私は、「青山さん、こんな過去の数字では役に立ちません。製品を販売して何カ月も経ってからその原価がわかっても、何にもなりません。私は、今月これだけの利益を出そうと、毎日手を打っているのです。数カ月前の原価がこうだったと言われても、いまさらどうしようもありません。ましてや電子部品は競争の激しい市場なので、今日もらった注文の値段は刻々と下がっていきますし、品種も変われば値段も変わっていきます。そういうなかでは、過去の原価を聞いたところで意味がありません」と言ってしまった。

青山さんが経理や総務などの分野を引き受けてくださったおかげで、京セラをうまく立ち上げることができた。それに、青山さんは原価計算の重要性を私にわかってもらおうと何度も説明に来てくれたのに、本当に生意気なことを言ってしまったと後悔した。

それでも、青山さんが後追いで集計した原価は、私が数カ月前にどのような経営の舵取りをしたのかという結果を示すものでしかない、という思いは消えなかった。

ファインセラミックスは、当時まったく新しい素材だったので、毎月リピートで注文が来ることは希《まれ》であった。いままでにない新製品を受注し納品すると、また、次の新製品を受注するといった状況だった。同じ製品を続けて生産することは少なく、たとえリピート注文があったとしても、競争が厳しく、次から次へと値下げを要求された。まるでデフレ経済のように、市場価格が下落し続けており、値下げをすることがあたりまえだった。

そんな状況下で数カ月遅れの原価計算をしてみても、集計できたころには、その製品はもうつくっていなかったということが多く、実際にはほとんど役に立たなかったのである。

通常の工業製品の場合、多くの製造工程を経て、製品が完成する。その間、原材料費、人件費、外注加工費、電力費、減価償却費などの費用が発生し、それらの工程でかかった費用の合計が製品の原価となる。一方、製品を販売するときの価格は、原価とは関係なく市場で決まり、われわれはその差額である利益を得る。ところが、お客様が買ってくださる市場価格は決して一定ではない。先月納入した価格で今月も受注できる保証はどこにもないし、特に値下げの激しい昨今では、売値は日々下がっているといってもよいだろう。

このような状況では、多くの製造業が一般的におこなっているような、経営の後処理による経営数字では役に立たない。何カ月も前の原価データをベースに経営をしていたのでは、つねに変化する市場価格に対応できない。

めまぐるしく変化する市場においては、製品をつくっていく過程で、タイムリーに原価を管理する必要があった。経営者にとって必要なものは、会社はいま、どのような経営状態にあり、どのような手を打てばよいのかを判断できる「生きた数字」なのである。

判断基準は「人間として何が正しいか」

会社を創業したころ、私は経営者として否応なく、あらゆる場面で判断を迫られた。設立されたばかりのベンチャー企業であったので、自分が判断を間違えば、会社はたちまち傾いてしまう。何を基準に判断すべきか、頭を悩ます日々が続いた。

悩みに悩んだ末に私は、経営における判断は、世間でいう筋の通ったこと、つまり「人間として何が正しいのか」ということにもとづいておこなわなければならないことに気づいた。われわれが一般に持っている倫理観やモラルに反するようなものでは、長期的にうまくいくはずがない。だから、両親や祖父母から、子どものころに叱られながら教わった「人間として、やっていいこと、悪いこと」という、ベーシックな基準で判断していこうと思った。

つまり、「人間として何が正しいか」という基準を会社経営の原理原則として、それをベースにすべてを判断することにしたのである。それは、公平、公正、正義、勇気、誠実、忍耐、努力、親切、思いやり、謙虚、博愛、というような言葉で表される、世界に通用する普遍的な価値観である。

私は経営に無知であったがゆえに、いわゆる常識というものを持ち合わせていなかったので、何を判断するにも、物事を本質から考えなければならなかった。だが、そのことがかえって、経営における重要な原理原則を見出すもとになったのである。

売上を最大に、経費を最小にする

その代表例として、次のようなものがある。創業間もないころ、いろいろな面でお世話になっていた宮木電機の経験豊かな経理の専門家に京セラの経理を見てもらっていた。私はその担当者に向かって、今月の決算はどうなっているのか、訊ねたことがあった。彼は難しい会計用語を使って説明をしてくれるのだが、その方面に疎い私にはよくわからない。何度も質問を繰り返したあげく、「わかった。手っ取り早く言えば、売上を最大に、経費を最小にすればいいんだ。そうすれば利益が自ずと増えるわけだ」と言った。

経営についてまだ素人だったため、かえって物事の本質をシンプルに見抜けたのだろう。このときに私は、「売上を最大に、経費を最小にする」ことが経営の原理原則であることに気づいた。以来、この原理原則に従い、ただひたすらに売上を最大にする努力を続ける一方で、すべての経費を減らすように努めてきた。その結果、先ほども述べたように事業は急速に拡大し、採算はさらに向上していった。

この原則について話をすると、「そんなことあたりまえでしょう」と言う人が必ずいる。だが、この原則こそ、世間の常識を超えた、経営の真髄といえるものである。一般の企業では、製造業でも、流通業でも、サービス業でも、「こういう業種では、利益率はこんなものだ」という暗黙の常識を基準に経営をしている。メーカーであれば利益率が数％、流通業であれば一％もあればいいといった業界の常識をベースにして、実績がそれを満たせば「よくやった」ということになる。

ところが、「売上を最大に、経費を最小にする」という原則からすれば、売上はいくらでも増やすことができるし、経費も最小にすることができるはずである。その結果、利益をどこまでも増やすことができる。

また、売上を伸ばすには、安易な値上げをするのではなく、後で説明する「値決めは経営」という原則から、お客様が喜んで買ってくださる最高の値段を見つけ出すことが重要である。

経費を減らすときも、「これが限界」と感じてあきらめるのではなく、人間の無限の可能性を信じて、限りない努力を払うことが必要である。そうすることで、利益をどこまでも高めることが可能となる。この原理原則にもとづき、全従業員が綿々と努力を積み重ねることにより、企業は長期にわたり高収益を実現できるのである。

原理原則にもとづいた部門別採算制度の誕生

このことに気づいた私は、この原則に則り、会社を経営し、京セラを高収益企業に導こうと必死に努力をした。だが、やがて、会社が大きくなるにつれ、私は一抹の不安を感じるようになった。経営者である私は、「売上を最大に、経費を最小にする」という原則をベースに、会社全体を経営することができる。だが、組織が大きくなっていけば、私ひとりでこの原則を末端まで徹底しようとしても限界がある。

肝心の売上や経費は、現場で日々生み出されていくものだから、現場で働く従業員たちにも、この原則を理解し、実践してもらう必要がある。

当社の従業員の大半を占めている製造部門は、当時、経費を削減していくことは考えていても、売上を増やすことには関心も責任も感じていなかった。「売上を最大に、経費を最小にする」という原則からすれば、各工程においても経費を最小にすると同時に、売上を最大にするよう努力をしてもらわなければならない。それには、各製造工程のリーダーが、売上を実感できるようにしなければ、売上を最大にしようという意欲が生まれるはずがない。

また、経費を最小にするといっても、組織が大きくなれば、ついどんぶり勘定になってしまい、どこでどんな経費が発生しているのかわからなくなってしまうので、もっときめ細かく採算を見る管理方法が必要だと思った。そんなとき、私が思いついたことは、会社全体を小さなユニットオペレーションに分割し、そのユニットがお互いに社内で売買するような仕組みを設ければよいということである。

たとえば、ファインセラミックスの製造工程は、原料、成形、焼成、加工などの工程に分けられる。この各工程をひとつのユニットオペレーションとして分割し、原料部門が成形部門に原料を売るというかたちをとれば、原料部門には「売り」が発生し、成形部門には「買い」が発生する。つまり、各工程間で仕掛品を売買するかたちにすれば、各ユニットはひとつの中小企業のように独立した採算単位となり、それぞれのユニットが「売上を最大に、経費を最小にする」という経営原則を実感しながら、自主的に経営していくことができる。このことを京セラでは「社内売買」と呼び、アメーバ経営の大きな特徴となっている。

また、会社を小さなユニットオペレーションの集合体にすれば、経営者はそれぞれのユニットからあがってくる採算状況を見ながら、どこが儲かっているのか、損をしているのか、という会社の実態をより正確に把握することができる。そうすれば、経営トップも正しい経営判断を下すことができ、会社全体をきめ細かく管理していくことができる。このようなことから、京セラではアメーバ経営システムの原形ともいえる、小集団による部門別採算制度が始まったのである。

市場の動きをダイレクトに伝え、即座に対応する

「売上を最大に、経費を最小にする」という原則を全社で実践していくために、私は組織を細分化し、それぞれを独立したひとつの採算単位である「アメーバ」とした。各アメーバには責任者であるリーダーを置き、その経営を任せている。上司の承認は必要だが、アメーバリーダーには、経営計画、実績管理、労務管理、資材発注まで各アメーバの経営全般が任されている。

アメーバという小さな組織であっても、それを経営するとなれば収支計算をしなければならず、最低限の会計知識は必要になる。ところが、すべてのアメーバリーダーがそのような知識を備えていることは、当時の京セラではありえなかった。だから、特別な知識を持っていなくても、アメーバの採算が誰にでもわかるような仕組みが必要となってくる。そこで考え出したのが、「時間当り採算表」である（詳細は第4章で述べる）。

時間当り採算では、各アメーバの収入と経費だけでなく、その差額である付加価値を計算する。その付加価値を総労働時間で割り、一時間当りの付加価値を計算する。このように、自分の属するアメーバが、一時間当りどれだけの付加価値を生み出したのかというこ

とが簡単にわかる仕組みになっている。また、時間当り採算表の予定と実績を対比させることで、事前に立てた売上予定、生産予定、経費予定などの進捗状況をアメーバリーダーはタイムリーに把握でき、必要な手をすぐに打つことができる。

市場価格は刻々と変化する。その変化に柔軟に対応し、つねに先手を打っていかなければ、目標とする付加価値や利益は確保できない。だからこそ、複雑な製造工程をいくつかの小さなアメーバに分割し、そのアメーバが互いに売買を繰り返すと同時に、アメーバごとの実績がタイムリーに把握できる経営管理システムをつくったのである。

このような経営管理システムがあれば、たとえ市場価格が大幅に下がったとしても、売値の下落がアメーバ間の売買価格にすぐ反映され、各アメーバは経費を下げるなどの手を即座に打つことができる。つまり、市場のダイナミズムを、社内の隅々にまでダイレクトに伝えられるだけでなく、会社全体が市場の変化にタイムリーに対応することができる。

さらに、社内売買をおこなうことは、品質管理の面でも、大きな効果を発揮する。「売買」であるからには、買い手のアメーバは、必要な品質を満たしていないかぎり、社内買いをしようとはしない。したがって、各工程間で取り決められた品質を満たしていない仕掛品は、後工程へ流出していかない。つまり、社内売買ごとに「品質の関所」が設けられ、品質がチェックされることになる。これにより、各工程のアメーバでしっかりとした品質がつくり込まれていくことになる。

市場はつねに変化しており、技術開発の世界も日進月歩である。そのような企業を取り巻く環境に敏感に反応し、柔軟に対応していくには、組織を固定化せず、事業展開に応じて自由に分割したり、統合したり、あるいは増殖させたりすることが必要である。

京セラのユニットオペレーションである「アメーバ」の呼び名は、その小集団組織がまるで細胞分裂を自由自在に繰り返す「アメーバ」のようだと表現した、ある従業員の言葉から生まれた。採算単位であるアメーバは、明確な意志と目標を持ち、自ら成長を続けようとする、ひとつの自立した組織なのである。

会社経営の原理原則は、売上を最大にして、経費を最小にしていくことである。この原則を全社にわたって実践していくため、組織を小さなユニットに分けて、市場の動きに即座に対応できるような部門別採算管理をおこなう。これが、アメーバ経営をおこなう一番目の目的である。

3　経営者意識を持つ人材の育成

共同経営者としての仲間がほしい

創業当時、私は開発、製造、営業、管理など、すべての部門を直接指揮していた。製造現場に何か問題があれば、すぐに走っていって指示したり、注文を取るために客先を訪問したり、また、クレームにも先頭に立って対応するというように、ひとりで何役もこなさなければならなかった。多忙を極めた私は、孫悟空のように自分の毛を抜き、ひと吹きすれば自分の分身が出てくればいいのにと真剣に考えたほどである。自分の分身をたくさんつくり、「おまえはお客様のところへ営業に回れ」「おまえは製造の問題を解決しろ」と命令できれば、どれだけ助かるだろうと思った。

忙しさだけが問題ではない。どんな会社でも、経営者とは孤独なものである。トップとして、最終的に決断を下し、責任を負わなければならないので、つねに心細さがつきまとう。私の場合、それまでに会社を経営した経験もなかったため、なおさらのことだった。

自分と苦楽をともにし、共同経営者としての責任を感じてくれる仲間がほしいと心の底から思った。

会社がまだ小さなときには、たとえ忙しくても、経営者が会社全体をひとりで見ることができる。しかし、会社が大きくなるに従い、製造や営業、開発など、会社のすべてをひとりで見ていくことは次第に困難になる。そうすると、「おまえは営業だけでも責任を持って見てくれ、製造はおれが面倒を見るから」というように、まず製造部門と営業部門の組織を分けるのがメーカーであれば一般的だろう。

それでも、なお業容が拡大すれば、営業部門、製造部門など、各部門をひとりで管理することもできなくなる。そうなれば、営業部門であれば、組織を地域ごとに分け、西日本営業と東日本営業に分けることになる。さらに顧客が増えれば、西日本営業をそれぞれ、関西地区、中国地区、四国地区、九州地区というように組織を分けていく。製造部門でも、採算を細かく見ていこうとするなら、製造部門の責任者がひとりで管理していくことは不可能になる。そうなると、製品の品種別や工程別に組織を分けていくことを考えるだろう。

会社の規模が拡大し、経営者や各部門の責任者が会社全体を管理することが不可能となったときでも、組織を小さなユニットオペレーションに分けて、独立採算にしておけば、そのリーダーが自分のユニットの状況を正しく把握できる。また、小さなユニットのオペレーションを任されたリーダーも、少人数の組織であるがゆえに、日々の仕事の進捗状況や工程管理などの組織運営を容易におこなうことができ、特別高い管理能力や専門知識を持たなくても自部門の運営が的確におこなえる。

それだけではない。小さなユニットであっても、その経営を任されることで、リーダーは「自分も経営者のひとりだ」という意識を持つようになる。そうなると、リーダーに経営者としての責任感が生まれてくるので、業績を少しでもよくしようと努力する。つまり、従業員として「してもらう」立場から、リーダーとして「してあげる」立場になる。この立場の変化こそ、経営者意識の始まりなのである。

そうなれば、「一定時間を働けば、一定の報酬がもらえる」という立場から、一八〇度変わって、今度は、メンバーの報酬を払うために自らが稼ぐ立場になる。そのため、自己犠牲を払ってでも、経営をよくしていこうと思うようになる。こうして、経営責任をともに負ってくれる共同経営者が、リーダーのなかから次々と誕生してくるのである。

アメーバ経営を始めたおかげで、共同経営者としての自覚を持ったリーダーが京セラには数多く誕生した。アメーバ経営を始めてから現在に至るまで、京セラのアメーバリーダーは各アメーバですばらしい経営をおこなってくれている。

必要に応じて組織を小さなユニットに分割し、中小企業の連合体として会社を再構成する。そのユニットの経営をアメーバリーダーに任せることによって、経営者意識を持った人材を育成していく。これが、アメーバ経営をおこなう二番目の目的である。

4　全員参加経営の実現

労使対立を氷解させる「大家族主義」

第二次世界大戦後、日本は民主主義国家となり、戦前は非合法だった共産党も復活した。また、戦前の反動もあり、戦後の一時期、社会主義的な勢力が一挙に勢いを増し、労働争議が頻発するようになった。

特に京都では革新勢力が強く、戦後、何十年ものあいだ、共産党系の知事が府政を率いるという土地柄だった。労働者は、自らの権利のみを主張して、経営者の悩みや苦しみにはあまり理解を示さなかった。また、経営者のなかにも、戦前からの古い体質が残っており、労働者を道具としか見ない者が少なからずいた。米軍の空襲を受けず、街並みも人も戦前のまま残ったことが、京都の経営者に古い労使観を持続させたのかもしれない。

このような敵対的な労使関係は、いったいいつごろから生まれてきたのだろうか。その背景を、人類の歴史を振り返りながら考えてみると、次のようなものではないかと考えられる。

人類はその黎明期《れいめいき》において、狩猟採集による移住生活から、農耕による定住生活を営むようになった。農耕が始まると、人々は生活の安定を図るため、自然災害などに備えて食糧を備蓄するようになった。そうなると備蓄していた食糧の一部が余るので、その残った食糧を食べ物が不足している地域へ運んで売ろうとする商才に長けた商人たちが現れた。

当初、商人たちは個人または家族で商いを営んでいたが、商売が大きくなるにつれ、家族以外の労働者を雇うようになった。ここではじめて、経営者と労働者という関係が生まれた。商業は時代とともに盛んになり、ますます手広く商いを営むようになった商人たちは多くの労働者を雇用するに至った。そうすると、労働者になるべく安い賃金で働いてもらい、少しでも自分の儲けを増やそうとする者が現れた。そのような経営者が増えていくなかで、いつしか経営者と労働者の利害は対立するようになった。

その後、資本主義が発達し、製造業などさまざまな産業が現れ、株式会社などの近代的な会社組織が誕生した。その背景には、会社組織が大きくなり、以前にも増して多忙となった経営者が、自分の仕事や責任を分担してくれる役員を共同経営者として任命し、会社経営の分業化を図ったことがあったと思われる。

たしかに、経営者の仕事をともに担ってくれる役員を増やし、経営の分業化を図ったことにより、会社経営は効率化した。だが、その数はせいぜい数十名であり、役員を含めた経営陣と大多数を占める労働者との敵対関係は解消せず、むしろ、その対立は激しさを増すばかりだ。

労働者は、自分たちの権利だけを主張し、経営者の苦しみや悩みを理解しようとはしない。経営者も、労働者の立場を理解しようとはせず、その生活や権利を守ろうとはしない。両者ともエゴを押し立て、相手に対する思いやりの心を持とうとしないため、労使間の対立は次第に激化していったのである。

第二次世界大戦が終わり、こうした労使間の対立がますます激しくなってきた京都の地で、私は会社を創業した。入社してくる社員たちは、そういう土地で育ったせいか、経営者を労働者と敵対するものと思い込み、信用しようとしない者が多かった。

当時、京セラは創業して間もない零細企業であり、全従業員が一丸となって、厳しい市場競争のなかを生き残っていかなければならなかった。そんなときに、労使対立により企業内部で力を消耗していたのでは、会社の存続すら難しい。何としてでも、内部対立のない、労使が一体となって協力できる会社にしなければならない。

私は、この問題をどうすれば解決できるのだろうと頭を悩ませた。その結果、たどり着いた結論は、「経営者が労働者の立場や権利を尊重し、労働者は経営者と同じように、会社全体のために貢献しようという考え方を持てば、労使の対立は自ずから消えていくはずである」というものだった。

会社には、個人経営、有限会社、株式会社など、いろいろな形態がある。そのなかに、もし「全従業員が経営者」という会社形態があるならば、労使対立などそもそもありえないし、全従業員が会社の発展に向かって団結する最強の集団となるに違いない。

当時、私が知ったのは、アメリカには、会計士や弁護士事務所などの経営形態に「パートナーシップ」というものがあり、共同経営者であるパートナーが連帯責任により経営するという形態が存在するということだった。私は、京セラでは従業員がみなパートナーとなればよいと思ったのだが、残念ながら、日本の法制度に、そのような経営形態は見あたらなかった。

それでも、全従業員が労使共通の目的のために、お互いに協力し合えることが理想であると考えた私は、そのモデルを日本の伝統的な「家族」に求めた。ここでいう家族とは、家族の構成員である祖父母、父母、子どもたちが、自分たちの家族のために、みんなで一生懸命がんばるという伝統的な家族である。親は子を思い、子は親を思いやる。家族が立派に成長し、家が発展していくことにみなが喜びを感じるという運命共同体のことである。お互いに相手のことを慈しみ、相手のために尽くしてあげるという愛に包まれた家族関係である。これが、私の意図している「大家族主義」である。

もし、会社が、ひとつの大家族であるかのような運命共同体となり、経営者と従業員が家族のごとくお互いに理解し、励まし合い、助け合うならば、労使一体となり会社経営ができるはずである。また、厳しい市場競争のなかであっても、ともに会社発展に努力するため、経営も自ずとうまくいくはずである。私はこの考え方を「大家族主義」と称して、会社経営のベースとなる考え方とした。

こうして私は、労使対立があたりまえだった当時の日本社会において、経営者と従業員が家族のような人間関係を築き、ひとりでも多くの従業員がともに手を携えて経営に参加する会社をつくりあげたいと思ったのである。

経営理念と情報の共有化が従業員の経営者意識を高める

しかし、いくら大家族主義を標榜《ひょうぼう》してみても、それだけで経営者と労働者の対立をなくし、労使が協力し合う企業風土をつくりあげることは難しい。労使の立場を超えて全従業員が一致団結するには、まず、全従業員が納得できる経営の目的、経営理念の存在が欠かせない。

一般の会社のなかには、親から家業を継いだり、自分が金儲けをしたいから会社を設立したりする場合が多い。京セラが、もし、そのような会社であれば、労使が一致団結するような会社にすることは、さぞ難しかっただろう。しかし、もともと信じ合える同志が集まり設立した会社なので、経営者である私が、私腹を肥やそうなどというつもりは毛頭なかった。

さらに、冒頭に述べた経緯により、当社は経営理念を「全従業員の物心両面の幸福を追求すると同時に、人類、社会の進歩発展に貢献すること」と定めていた。従業員の幸福を追求することを目的とする会社として存在しているのだから、労使一体となって会社の発展に尽くそうとすることには何の矛盾もなかった。このように全従業員が納得し、共有できる普遍的な経営理念をすでに確立していたことが、京セラに、労使対立を超えて一致団結する企業風土が生まれる土壌となっていた。

また、この経営理念を確立していたため、私は経営者として、従業員にも思い切ったことが言えるようになった。私腹を肥やす経営者だったら、自分のために労働者を働かせて搾取しようと思ったであろうが、当社では、経営者の私が先頭に立って、自己犠牲を払ってでも全従業員の幸福のために全力を尽くそうとしている。だから、私はみんなのために仕事を成功させようと遠慮なく叱ることができたし、全従業員が同じ目的のために働く同志であるという仲間意識が生まれたのである。

それでも、全従業員が、私の経営者としての苦労をよく理解してくれたわけではなかった。私が「おまえ、そんなことをしている場合じゃないだろう。いま、会社はこういう状況やないか」と話してもピンとこないようで、私と従業員のあいだに心理的なギャップが残っていた。

そのとき、みんなが私の言っていることを理解してくれないのは、会社の実態がわかっていないからだということに気づいた。それならば、思い切って、会社の実態をみんなに知らせれば、経営者の気持ちがわかってもらえるのではないかと思った。経営者は労働者の立場を考えようとしないし、労働者は自分の権利だけを主張するから、いつまでも対立構造が続く。しかし、全従業員に経営者マインドを持ってもらい、経営者と同じ意識レベルで働いてもらいたい。そのためには、会社の実態に関する情報をできるだけ開示して、私がいま悩んでいること、困っていることを包み隠さずみんなに知ってもらうことがいちばん大切だと考えたのである。

労使間対立が激しい当時、経営者は、労働者に会社の状況をできるだけ知らせないのが一般的だった。そんな世相のなかで、私はあえて経営の実態を全従業員に包み隠さず知らせて、みんなに理解してもらうことにした。みんなが会社の現状や問題点を理解すれば、私の悩みと従業員の悩みが共有化され、ひいては、従業員の経営者マインドを育てることにつながるからである。

全従業員が生きがいや達成感を持って働く

アメーバ経営では、会社を小集団に分け、リーダーが中心となりメンバー全員が経営に参加する。その際、アメーバや会社の経営状況に関する主要な情報は、朝礼などを通して全従業員にすべて開示されている。このように、会社の情報をできるだけ開示することで、全従業員が自主的に経営に参加する土壌ができあがり、全員参加経営が可能となる。

全従業員が積極的に経営に参加し、それぞれの立場で自らの役割と責任を自主的に果たそうとすれば、従業員はもはや単なる労働者ではなく、ともに働くパートナーとなり、経営者としての意識を持つようになる。そうなれば、自らの責任を全うすることに、仕事の喜びや達成感を持つことができる。お互いに会社に貢献するというひとつの目的を持って仕事をすることで、生きがいを実感しながら働くことができる。

従業員ひとりひとりがそれぞれの持ち場・立場で、自分のアメーバのために、ひいては、会社全体のために貢献しようとする。さらに、アメーバリーダーやメンバーが自らの目標を立て、それを達成することにやりがいを感じる。そうなれば、全従業員が仕事に喜びや生きがいを見出し、一生懸命に努力する。こうして、従業員は個人の能力を最大限に高め、人間として成長することができるのである。

全従業員が、会社の発展のために力を合わせて経営に参加し、生きがいや達成感を持って働くことができる「全員参加経営」を実現する。これがアメーバ経営をおこなう第三の目的である。

第2章

経営には哲学が欠かせない

1　事業として成り立つ単位にまで細分化

会社経営において、アメーバ経営を実践していくには、必要欠くべからざる要諦がいくつかある。そのなかでも、アメーバ経営を理解するうえで特に重要となるポイントを取り上げ、解説を加えたい。

ただ細かくすればよいわけではない

ここで最初に述べる要諦は、アメーバ経営の成否を握るといっても過言ではない。それは、複雑である会社組織を、どのように切り分けていくのかという問題である。組織の分け方というのは、事業の実態をよく把握し、その実態に沿ったものでなければならない。そのために、私は三つの条件があると考えている。

第一の条件は、切り分けるアメーバが独立採算組織として成り立つために、「明確な収入が存在し、かつ、その収入を得るために要した費用を算出できること」である。

独立採算制をとるためには、収支計算ができなければならないが、そのためには独立する組織の収入と費用がはっきりと把握できなければならない。これが、アメーバを切り分ける際の第一の条件である。

第二の条件は、「最小単位の組織であるアメーバが、ビジネスとして完結する単位となること」である。

言い換えれば、アメーバがひとつの独立した事業として成り立つ、最小限の機能を持った単位でなければならないということである。アメーバが独立したひとつの事業として成り立ってこそ、リーダーが創意工夫をする余地があり、やりがいが生まれる。だから、アメーバは、事業として完結する単位であることが必要なのである。

このことを、セラミックの製造部門を例にとって説明してみよう。京セラの製造部門で、最初にアメーバとして切り分けたのは、原料部門だった。これは製造工程のなかで最初の工程にあたり、原料を調合するという機能を果たしている。この原料工程をひとつのアメーバとして独立させようとしたとき、「事業として完結する単位」という条件から考え、組織を細分化しすぎることになるのではないかという心配が私にはあった。

そんなとき、ふと気づいたのは、当時、京セラのようなセラミックメーカーに調合済みの原料を売っているメーカーがあることだった。原料の調合を専業とする会社があるなら、京セラでも原料を安く仕入れて調合し、次工程の成形部門に売るという仕事は、独立した事業として立派に成り立つはずである。そう考えて、原料部門をアメーバとして切り分ける決心をした。

次の成形工程についても、そのような作業を賃加工で請け負っている会社はたくさんある。機械や材料をすべて支給され、加工だけを請け負い、賃加工を業としている。京セラでも、成形部門が原料を買って、買いを立て、成形したものを今度は焼成部門に売って、売りを立てるようにすれば、独立採算部門として成り立つと考えた。こうして、組織を独立した事業として成り立つ状態にまで細分化していけばよいのだ。

だが、アメーバは、細かくすればするほどよいというものでは決してない。組織というものをあまり細かく分ければ、小さな組織が乱立することになり、ムダが生じることも考えられる。アメーバ経営の場合、先ほど第一の条件で述べたように、アメーバ間の収入と費用を明確にしなければならない。そのため、アメーバ間で値決めをしたり、品質問題が生じたときの取り扱いを決めるなど、運営上かえって煩雑になることも多い。

さらに、アメーバリーダーが、小さな組織であっても経営者としてやりがいを感じることが重要である。したがって、創意工夫により事業を改善していける単位にまでしか組織を分割すべきではない。このように、ひとつの事業として成り立つ単位に組織を細分化するというのが、アメーバをつくる第二の条件である。

第三の条件は、「会社全体の目的、方針を遂行できるように分割すること」である。たとえアメーバとして収支を明確に計算することができ、事業として完結した単位になっていたとしても、会社の方針が阻害される場合には、その組織をアメーバとして独立させてはならない。その理由は、組織をアメーバとして細分化していけば、社内で調和をとるべき機能がバラバラになってしまい、会社としての使命が果たせなくなる場合があるからだ。

例をあげて説明しよう。当社のような受注生産メーカーの営業部門であれば、大きくなった組織を分割し、客先に注文を取りにいく受注部門、製品の納期を管理・運営する納期管理部門、さらには、請求書を発行して代金の回収をおこなう代金回収部門といった独立採算が可能な部門に細分化することもできる。仮に営業部門全体が手数料収入として売上の一〇%をもらっているとすると、受注部門は受注すれば売上の五%、納期管理部門は三%、代金回収部門は二%という具合に収入を割り振ることで、それぞれを独立採算にすることができる。

しかし、それでは営業として顧客に対して一貫したサービスを提供できない場合がある。たとえば、A社、B社、C社という大手客先と取引をする場合、営業部門は受注だけすればいいのかというと、そうはいかない。納期管理もあれば、納品もあり、品質問題などのクレーム対応もあり、代金回収もしなければならない。これらの役割を別個の営業アメーバが担当していたのでは、京セラとして一貫したサービスをお客様に提供することができなくなってしまう。それでは「お客様第一主義」という会社方針に沿った営業ができなくなってしまうので、むやみに営業の組織を分けることはできない。

この例からもわかるように、アメーバは、分けることが可能だからといって、小さく分ければ分けるほどよいというような単純なものではない。会社全体としての方針を貫くことができるような単位にしか分けてはならない。これがアメーバづくりの三番目の条件である。

この三つの条件を満たしたときに、はじめてひとつのアメーバを独立させることができる。「アメーバ組織をどのようにつくっていくのかということは、アメーバ経営の始まりであり、終わりである」といっても過言ではない。アメーバの組織づくりは、アメーバ経営の要諦である。

つねに組織を見直し続ける

さて、アメーバを切り分けていき、一度つくったらそれで終わりかというと、そういうわけではない。アメーバ経営の特長は、経済状況、市場、技術動向、競合他社などの急速な変化に対し、アメーバ組織を柔軟に組み替え、即座に対応できるところにある。企業を取り巻く環境は刻一刻と変化しており、市場の移り変わりや競合他社の動きに応じて、その時々の状況に合ったベストの組織にする必要がある。経営者やリーダーは、いまの事業を取り巻く環境や自社の方針と現在の組織が適合しているかを、つねにチェックしておく必要がある。

少し前になるが、京セラでこのような事例があった。当時の伊藤謙介社長（現相談役）の発案で、「物流事業部」という新しい事業部をつくった。従来、製品の発送はそれぞれの工場の経営管理部門が業者に委託していたのだが、一般に配送業という業種もあるぐらいだから、社内の配送業務をすべてとりまとめ、ひとつの事業部として独立させた。

そうすると、その部門の採算はみるみるうちに向上し、同時に運送費も大幅に削減された。各工場では相当厳しく輸送費をチェックしていたはずなのだが、それでもムダな経費を使っていたことが、物流事業部の誕生により明らかになった。

この物流事業部は創業から三〇年以上も経って採算事業として独立させたものだが、会社には他にもこのように独立事業としてアメーバ化すべきものがまだあるかもしれない。経営トップは、そのような経営効率化の観点からも、全社組織をつねに見直さなければならない。

もうひとつの例として、最近このようなことがあった。京セラのある事業部の製造部門では、受注に波があり、生産高が大きく上下するが、それに対応するだけの経費や時間を減らすことができず、とうとう赤字に転落してしまった。

その際、事業部長は、採算単位が十分に細分化されていないことに気づき、組織をさらに細分化した。その結果、採算内容の詳細が明確になり、採算改善のための課題が的確に見つけられるようになった。

そこで、アメーバメンバー全員が知恵を出し合い、その課題をひとつひとつ解決していった。現在では、その製造部門の利益率は、他の事業部をはるかに超えるようになったという。

そのアメーバにいた若い女性は、この間を振り返り、「赤字から立ち直るまで、ずいぶんと苦しい思いをしましたが、みんなで励まし合いながら、改善プロジェクトに取り組んできました。メンバーの知恵を集め、周りの人たちの協力があって初めて目標は達成されます。その協力関係を支えるのは、互いに信じ合える人間関係です」と、まるで経営者のような発言をしていたそうである。採算単位を細分化することは、組織の採算状態を細部まで見えるようにするとともに、メンバーの経営者意識も高めてくれる。

この例のように、既存のアメーバであっても、さらに細分化していく、あるいは逆に細分化しすぎたものは再び統合してひとつにするといった、見直しをかけていくことが必要である。アメーバの組織をつねに最適なものにしておくということは、たいへん重要であり、これに失敗すればアメーバ経営の意味がなくなってしまうほどの問題である。

「アメーバ組織をどう切り分けるかということこそ、アメーバ経営の始まりであり、終わりである」というのは、このためである。先に述べた三つの条件をベースに、そのときどきの事業に適合した組織になっているかどうかを考えることが肝要である。

2　アメーバ間の値決め

製造業の場合、工程ごとにアメーバ組織をつくれば、アメーバ間で仕掛品を売買できるようになる。その場合、当然、売値が必要となるので、アメーバ間の売値を設定しなければならない。各アメーバは自分の採算を少しでも上げようとしているので、どのように売値を設定するかということは、アメーバリーダーにとって重要な関心事である。

各工程間の売値を設定するには、まず、お客様に売る最終的な売値からさかのぼっていく必要がある。たとえば、あるセラミック製品が、原料部門、成形部門、焼成部門、加工部門という工程を経てつくられるとすれば、アメーバ間の売値は、受注金額をベースにして、最終工程の加工部門から焼成部門、成形部門、原料部門というように割り振られていく。しかし、それぞれの工程間で売買価格はいくらであるべきだという客観的な基準は、受注価格しかないため、価格設定に十分な注意を要することになる。

公正・公平な判断が求められる

では、どのようにしてアメーバ間の売値を決めていくのか。まず、最終的な売値からさかのぼって、各工程の値段を決めるのだが、ある製品の売値が決まると、その商品をつくるのに必要な各工程でだいたい同じぐらいの「時間当り」（アメーバが生み出した一時間当りの付加価値、詳細は第4章）が出せるようにアメーバ間の売値を決めるのが原則となる。この製品は客先にこの価格で売るのだから、最終の加工部門ではいくら、焼成部門ではいくら、成形部門ではいくらと、原料部門までさかのぼって各アメーバ間の売買価格を決めていく。

この際、ある部門では、高い売値をつけて採算が十分あがる。それに対して、ある部門では、売値が低いせいで、いくらがんばっても採算が合わないというのでは、アメーバ間で不公平になり、喧嘩になりかねない。そういうことが起こらないように、値段を決める場合は、最終的に判断を下す経営トップが、誰から見ても納得できるようなフェアな値決めができなくてはならない。アメーバ間の売値を判断する人が、どの部門にどのくらいの費用が発生するのか、どのくらいの労力が必要なのか、どのくらい技術的に難しい製品か、同種の製品の市場価格と比較してどうかなどをよく吟味し、フェアな値決めをしなければならない。つまり、アメーバ間の売買価格を判断する人がつねに公正、公平であり、みんなを説得するだけの見識を持ち合わせていなければならないのである。

また、このようにフェアな判断をするためには、値段を決める経営トップが、労働の価値に対する社会的常識を兼ね備えている必要がある。社会的な常識というのは、労働の価値に対する常識であり、たとえば電子機器を販売するには粗利が何％必要だとか、この仕事をする内職やアルバイトの時間給はいくらとか、この作業を外注したら手間賃はいくらになるとか、そういったことを日頃から勉強し、熟知しておくことが重要である。

なぜそのような知識が必要となるかを次のケースで考えてみよう。

たとえば、当社で付加価値の高いハイテク製品をつくるとする。その製造工程のなかには、非常に高度な技術を要する工程が多いが、なかにひとつ単純作業を中心とする工程を担当するアメーバAがあるとする。社内売買において、原則どおり、その製品をつくる各工程のアメーバが同じような「時間当り」を出せるようにすると、もとが付加価値の高い製品であるため、すべての工程が高い「時間当り」を出せるように値決めがされることになる。

そうすると、単純作業が多いアメーバAも高い「時間当り」を出せることになるが、その場合、その作業を外注する場合の費用に比較して、アメーバAの取り分がたいへん割高になることがある。もし、アメーバAの仕事が、世間相場の何倍もするならば、努力をしなくても儲かることになる。一方、他の工程のアメーバBは高い技術力を必要とし、今後も設備投資を続けるなどいろいろな費用がかさむため、より多くの付加価値を割り振るべきである。そのような場合には、アメーバAが暴利を貪らないように、世間常識を持ち合わせた経営トップが、アメーバAの売値を世間相場から見ても妥当な線に調整すべきである。

このようにアメーバ間の値決めは、各アメーバの仕事をよくわかっている経営トップが、そのアメーバにかかる経費や労力を社会的な常識から正しく評価し、それに見合う売値を公平に決めるべきものである。

3　リーダーには経営哲学《フィロソフィ》が必要

利害の対立が会社全体のモラルと利益を損なわせる

このように経営トップが社会的な常識に照らし合わせ、アメーバ間の売値を公平に設定しても、アメーバ同士の利害が対立し、争いが起きてしまう場合がある。

たとえば、最初アメーバ間で公平に売値が設定されていた製品があったとしよう。ところが、二カ月後に、同業他社との競争でその製品の値段が一〇%下がったとする。このような場合、アメーバ間の売値を一律一〇%下げることができればよいが、アメーバは自主独立の経営をおこなっているため、それぞれの状態は異なっている。「いまの売値でもたいへん苦労していたのに、さらに一〇%も値下げされたのでは、採算が悪化するので生産する意味がない。もうその注文は要らない」と言い出すアメーバも出てくる。こうなると一律一〇%の値下げは困難になる。

アメーバリーダーは自部門の経営に対する責任を負いながら、アメーバ間の売値を調整しているため、採算が悪化するような値下げを容易に受け入れることはできない。少しでも値下げによる負担が少なくなるよう、互いに自己の立場を主張するので、喧嘩になってしまうこともある。

アメーバ経営では、それぞれのリーダーがみんなのために自部門の採算をよくしていきたいと思っている。そのため、少しでも多くの利益を出そうとするあまり、どうしてもエゴが出やすい傾向にある。しかし、自分のアメーバの利益を最大にするために、相手の立場を無視するようなことがあっては、社内の人間関係は砂を嚙むようなものになってしまう。

また、営業と製造のあいだでも、同じような対立が起こることが考えられる。

メーカーでは、「売り切り・買い切り」という方法で、製造・営業間の取引をおこなっている場合が多い。営業が製造から製品を買い取って、全責任を負ってお客様に売るという形態である。この場合、営業は製造からなるべく安く仕入れて、できるだけ高く顧客へ売って儲けようとするから、自分の才覚によって独立した商社のように商売ができるという妙味がある。

しかし、京セラのようなメーカー直販営業の場合に、もし「売り切り・買い切り」をおこなえば、営業はできるだけ安く買おうとし、製造はできるだけ高く売ろうとするから、営業と製造のあいだで対立が起こり、会社全体としての利益が損なわれることがある。もし、製造・営業のどちらかエゴが強いほうが得をすることにでもなれば、両者の対立は激しさを増し、会社全体を疲弊させてしまうことにもなりかねない。

そうなってはならないと考えたので、営業と製造が対立しないように、営業が売上をあげれば、たとえばその売上の一〇%を手数料として自動的にもらえるという、いわゆるコミッション制をとることにした。この営業形態では、営業が自分の才覚で儲けることはできない。その代わり営業は、売上さえあげれば一定割合の手数料が自動的にもらえる。

ところが、この形態では、営業はいくら製品の売値が下がっても、売上の一定割合を手数料として必ず受け取れるため、営業が客先の値下げ要求を簡単に受けてくることがあった。製造にとっては、コストを何割も下げることはたいへんなことであり、赤字になるかもしれないほどの深刻な問題である。それにもかかわらず、営業は簡単に客先の値下げ要求を受け入れることがあり、製造と営業のあいだで喧嘩となることもしばしばあった。せっかくコミッション制により営業の収益を取り決めたにもかかわらず、営業・製造間の対立は絶えることがなかったのである。

同じような対立は、海外の現地販売会社と日本の本社のあいだでも起こった。

一九六八年に京セラは米国西海岸に駐在員事務所を設け、翌年には現地法人、京セラインターナショナル（ＫＩＩ）を設立し、シリコンバレーを中心にファインセラミック部品の販売を開始した。だが、クレームや納期問題が起こると、ＫＩＩの現地営業と京セラの製造部門のあいだでたちまち問題が発生した。米国の営業は、自分の実績があがらないのは、日本の製造に問題があると怒り出した。当時はテレックスで連絡をしていたが、抗議のテレックスが日本に次々と舞い込んできた。

本来ならば、客先からのクレーム問題などが起きたときこそ、製造と営業が一致協力してお客様の信頼を取り戻すよう努力しなければいけないのだが、実際は危機に際して内輪もめが起こり、そのことがめぐりめぐってお客様の耳に入る。現地の営業のなかには、納期問題などでお客様に何度も怒られると、「これは京セラの製造が悪いんです。私は何度も日本へテレックスを打ちましたが、製造が約束を守りません」というようなことを平気で言う者もいた。自分の顔を立てるために、営業がお客様に向かって自社の製造部門を非難するのである。そうすれば、京セラグループ全体が信用を失い、二度と注文をもらえなくなるのに、そんなことまで言い出す始末である。

このような対立は、自分を守ろうとする「利己」の結果、生まれるものだ。しかし、アメーバ経営では会社を小さな組織に区切り、独立採算で経営をしているから、まず自部門の採算をできるだけ高めなければならない。そのため、各部門のエゴが出やすく、関係がギクシャクしやすい。言葉を換えれば、アメーバ経営では自分の組織を守るという思いが人一倍強くなるために、部門間の争いが激しくなり、会社全体の調和が乱れやすいのである。

リーダーは公平な審判となるべきである

各アメーバは自分の食い扶持を自分で稼ぎ、自分を守ろうとするエゴを発揮しなければ生き残れない。だが、一方で会社全体の視点で、トータルの利益を最大にすることが本来の使命である。個の利益と全体の利益のあいだで対立が起こると、葛藤が絶えない。その葛藤を克服するには、個として自部門を守ると同時に、立場の違いを超えて、より高い次元で物事を考え、判断することができる経営哲学、フィロソフィを備える必要がある。

ここでいうフィロソフィとは、私が常日頃から説いている「人間として何が正しいのか」ということを判断基準とした経営哲学である。この普遍的な経営哲学を会社経営のバックボーンに据えることで、アメーバはエゴとエゴのぶつけ合いを排し、個の利益と全体の利益を調和させようと努力するようになる。アメーバ経営とは、フィロソフィをベースに部門間の利害対立を正しく解決することによって、個と全体の利益を同時に追求しようとするものである。つまり、アメーバ経営は、フィロソフィをベースとしてはじめて、利害の対立を克服し、正常に機能することが可能となる。

リーダーとなるような人間は、もともと自己主張が強く、押しの強いタイプの人間が多い。また、自己主張が強く、少し喧嘩するぐらいの熱意がなければいけないと私は言ってきた。だが、社内で利害の対立が起こり、喧嘩が始まったとき、頑固で声や態度が大きいリーダーが自分の利益を最大にしたいがために相手の立場を踏みにじるようなことがあっては、会社全体の利益やモラルを守ることはできない。だからこそ、自己中心的な行動をとらないよう、自分を律する高い次元のフィロソフィを身につける努力を怠ってはならない。

さらに喧嘩が紛糾すると、その上に立つリーダーが仲裁に入ることが求められる。その場合、上司が両者の言い分をよく聞き、大岡裁きのように公平な裁定をおこない、その采配にはみんなが従うことが大切である。社内売買の価格の場合であれば、「それはおまえがおかしい。おまえがもっとがんばって、値段を安くしてあげなさい」というような公正な判断が必要となる。

嘘を言うな、人を騙すな、正直であれ

昨今、大企業が虚偽の報告をするなどの不正や、会社業績を実態よりよく見せようとする粉飾決算がおこなわれるなど不祥事が相次いでいる。真実をありのままに報告すれば不利益をこうむるので、データを改竄《かいざん》して報告しようとか、不正を働いてごまかそうとか、経営における倫理を守ろうとしない会社が数多く存在している。そのような企業は、程度の差はあっても、日本に限らず、欧米にもある。組織が大きくなれば、不正は起こってくるものである。蓋を開けてみれば、世界の大企業の多くで腐敗はすでに進行しているかもしれない。

このような問題は、リーダーである経営幹部が自己中心的な行動をとらないよう、自らを戒める倫理観が欠如していることに起因している。それも、高度な哲学ではなく、「嘘を言うな、人を騙《だま》すな、正直であれ」といった、小学校の子どもが教わるようなプリミティブな倫理である。

もし、不祥事を起こした経営者に「嘘を言うな、人を騙すな」と説いたら、おそらくみんなが「そんなことは百も承知だ」と答えるだろう。だが、知っていることと、やれるということは別である。頭で知っていることが、実は血肉化されていないため、いざとなれば簡単に人を騙してしまうのである。

世間では、事業を伸ばそうとすれば、幹部社員に頭がよく、商才に長けた優秀な人材が必要だと考えられている。そのため、一流大学を卒業した人間をこぞって採用し、重要な事業をやらせるという会社が多い。

だが、「才子、才に溺れる」という言葉があるように、優秀な人材が才覚の使い方を誤ると、とんでもない問題を引き起こす。才覚のない人なら、そんな不祥事すら思いつかないだろうが、なまじ才覚があるため、不正を思いつくのだ。

商売には才覚が欠かせないのだが、才覚のある人ほど、それにふさわしい人格を伴っていなかったら、とんでもないことをしでかす。経営トップが自分の欲望に負けて、信じられないような不正をおこなった例は後を絶たない。

商才のある人間は、才覚がある分、エゴが出やすい。人間の才覚を動かすものは本来その人が持っている人格なのだから、エゴを抑えようとすれば、われわれは才覚を動かすもとである人格を高めなければならない。それも、レベルの高い人格を云々する前に、プリミティブな倫理観をまず確立する必要がある。世界の経営者たちは、そんな基本的な倫理観さえ、いまでは忘れてしまっているのではないだろうか。

アメーバ経営をおこなっている当社でさえ、アメーバリーダーが自部門の経営を実態よりよく見せたいため、生産計上をごまかすなどの不正が起こることがある。本当はよい実績でなかったのだから、「うまくいかなかった」と正直に言うことがリーダーの務めなのだが、上司や周囲から責められることを恐れて結果を取り繕おうとする。それでは、リーダーとして真の勇気を持っているとはいえない。

京セラでは、公平、公正、正義、勇気、誠実、忍耐、努力、博愛というたいへんプリミティブな価値観を大事にしてきた。こういう基本的なことを、これほど大切にしている会社は、世界中探してもおそらくないだろう。だから、京セラグループでは、すばらしい倫理観、社風を維持し、育んでいくことができるはずである。

私は常々、リーダーとは、全き人格者でなければならないと言っている。人格というものは、つねに変化するものである。人は、成功してちやほやされれば、高慢になり、自分を見失うものである。つねに自らを律し、研鑽を積んでいなければ、高潔な人格というのは維持できない。あらゆるリーダーは、集団を正しい方向に導くため、能力があり、仕事ができるだけでなく、自己研鑽に努め、心を高め、心を磨き、すばらしい人格を持った人にならなければならない。経営トップはもちろん、アメーバリーダーに至るまですばらしい人間性を備えることが必要である。

フィロソフィを経営に具体的に活用する

アメーバ経営のなかで、京セラフィロソフィの考え方が色濃く反映されているのが、その報酬制度である。あるアメーバがいくら「時間当り」を高めたとしても、それによって多額の昇給や賞与が出るという、金銭により人の心を操るような報酬制度を京セラはとっていない。もちろん、仕事の実績は評価され、長期的には処遇に反映されていくが、「時間当り」がよければ、その分だけ昇給・賞与の金額が増えるということはない。その代わり、アメーバがすばらしい実績をあげれば、会社に大きく貢献してくれたという理由で、信じ合う仲間たちから賞賛と感謝という精神的な栄誉が与えられる。

このことを社外の人に話すと、「それでよく機能しますね」と不思議がられることがあるが、当社では、京セラの経営理念のもとに、「信じ合える仲間の幸福のために貢献できてこそ、自分たちの部門の存在価値があるのだ」という考え方が根づいている。だから、会社への貢献をみんなから賞賛されることが最高の栄誉であると考えている。このように、アメーバ経営は、「全従業員の物心両面の幸福を追求すると同時に、人類、社会の進歩発展に貢献する」という経営理念が、制度として具現化された経営システムなのである。

先に述べたとおり、アメーバ経営は、経営者と従業員、従業員同士のあいだにある信頼関係をベースにした全員参加の経営である。全従業員が経営に参画しているから、工場で働く人も、客先を訪れる営業担当者も、自分たちの目標に向かって邁進する。

京セラでは、ひとりひとりが「自分たちも経営者だ」という意識を持つことで、生きがいを感じながら働くことができ、その成果を仲間とともに喜び、感謝し合うことができる。このように、アメーバ経営は、従業員自らが経営する喜びを感じられる経営であり、ひとりひとりの労働を尊重する「人間尊重の経営」なのである。

実力のある人をリーダーに

組織を運営していくうえで重要なことは、本当に実力のある人が、その組織の長につくことである。温情主義により、実力のない人物を、年長だという理由だけでリーダーにしたのでは、会社経営はすぐ行き詰まり、全従業員がその不幸を背負うことになる。たとえ十分な経験がなくとも、すばらしい人間性と能力を有し、仕事に対して熱意を持ち、人間として尊敬され、信頼される人物を適材適所に配置してこそ、会社は厳しい競争に打ち勝ち、成長することができる。京セラではこのように「実力主義」を原則として組織を運営してきた。

実力主義とは、年齢や経歴などにとらわれず、真に実力のある人を抜擢し、責任のある地位に就け、会社を繁栄へとリードしてもらおうとする考え方である。抜擢された人物は、実力を発揮し、実績を残すに従って、長期的に見て、その処遇はそれにふさわしいものになる。

だが、このような実力主義をとった場合、次のような問題が起こってくるかもしれない。すなわち、実力があり、人望がある若手を役員などに抜擢する際、周りの先輩が、「あいつはおれより三年も後輩だ。あんなやつが先に役員に登用されるなんてけしからん」と怒ったり、妬んだりするという問題である。

そんなとき、私は、「先輩社員はただ怒るだけでなく、冷静になって、おれがあいつの代わりに役員になることが会社にとって本当にプラスになるのかと考えてほしい。そうすれば、おれがなるより、あいつがいま役員になったほうが、会社にとって大きく貢献してくれると思える節があるのではないか。若い能力のある人材に会社を引っ張ってもらうことは、全従業員の幸せにプラスになることだ。だから、若手の抜擢を妬んだり、恨んだりするのではなく、心から喜ぼうではないか」と言ってきた。当社の幹部であれば、年功序列を理由に「今度はおれだ」と自己を立てるのではなく、本当に実力のある人物に会社を率いてもらおうと思えるほどの度量を持ってもらいたい。

これは、昔のエピソードになるが、京セラを創業して十数年が過ぎ、会社は株式を上場するまでになった。さらに業容を拡大していこうと思えば、新しい分野を開拓しなければならず、さまざまな経験や技術、知恵を持った人材が必要となる。そのとき、私は社外からもその任に堪える人材を集めようと考え、会社をともに経営してきた創業以来の幹部たちに相談した。

「実は今度、こういう人物を入社させようと思っている。それも、創業以来の同志のみなさんよりも、上の地位に就けようと思うのだがどうだろうか。もし、みなさんが『われわれがつくった会社だから、どこの誰とも知れない人が上に来てもらっては困る』と言うのであれば採用はやめる。しかし、『蟹《かに》は甲羅に似せて穴を掘る』という言葉があるように、会社というのは、その経営陣の器より大きくならないものである。だから、みなさんが、『そんなケチな了見で京セラをつくったのではない。われわれはこの会社を世界一へと発展させていこうと心に誓ったのだから、われわれの上に中途採用の幹部が来ても、全然構わない』と言ってくれるのなら、私は採用しようと思うのだが」と尋ねた。

そうすると、みんなが、「われわれの上司になってもらって構いません」と快く承諾してくれたので、私はその人物を当社に迎えた。

そうした中途採用の優秀な人材が、やがて京セラの成長に大きく寄与してくれたことは疑いない。京セラの創業に参加した人たちは、実力主義こそ会社発展の基礎であり、全従業員にすばらしい利益をもたらすものであることをよく理解してくれた。このエピソードは、京セラの実力主義の原点をよく表している。

このような考え方で、京セラでは、社外からも、実力と人間性を兼ね備えた人材を獲得するよう努めてきた。さらに、定期採用や中途採用の区別なく、また、学閥など派閥というものをいっさいつくらず、若くても能力と人望のある人材を積極的に登用してきた。実力主義は、アメーバ経営の重要な組織運営の原則であり、京セラの成長を支えてきた経営の原則なのである。

成果主義と人間の心理

京セラの経営は実力主義にもとづいているが、欧米の企業には成果主義を導入している会社が多い。欧米流の成果主義とは、仕事の成果に応じて報酬を大きく増減させ、社員の物欲にストレートに訴える方法である。大きな成果があがれば大きな報酬を与えられるが、成果があがらなければ報酬は減らされ、場合によっては解雇されるというドライな人事制度である。

私はかねてから、経営者というのは、人間心理について優れた洞察力が必要だと考えている。成果主義は、成果があがれば大きな報酬を手にすることができ、社員のモチベーションが上がるので、短期的に見れば効率的な経営手法かもしれない。だが、業績はつねに上がるわけではなく、必ず落ちるときがくる。人の心というのは不思議なもので、業績が上がり、高い報酬をもらっていると、ついついそれに慣れてしまうものである。だから、業績が悪化し、報酬が減るとなると、いままでよかったのだから、今回は報酬が下がっても構わないという理性的な人間はほとんどいない。そうなると、みんなの士気は一気に下がり、会社に対する不満が鬱積《うっせき》することになる。それでは、会社経営がうまくいくはずはない。

また、会社によっては、成果配分と称して、各部門の業績に応じて各部門の報酬を上げたり下げたりするところがある。この制度を採用すると、業績のよい部門の士気は上がるが、業績の悪い部門の士気は落ち、どうしても、部門間で妬みや恨みの心が生じてしまう。

このように成果主義では、実績が悪くなり、報酬が減った場合に、多くの社員が不満や恨み、妬みの心を持つことになるので、長い目で見ると、かえって社内の人心を荒廃させてしまうことになる。

特に日本人は同質的な民族であり、「横並び」の中流意識が強いため、報酬や待遇に大きな差ができることに心理的な抵抗が大きい。日本企業において欧米流のストレートな成果主義を採用すれば、当初は「がんばればボーナスが増える」と組織が活性化するように見えても、数年も経たないうちに、恨みや妬みによる人心の荒廃を招いてしまうであろう。

もちろん、そうかといって、すべての従業員の処遇を同じにするということがあってはならない。みんなのために一生懸命にがんばっている者も、そうでない者も、まったく同じであるならば、それはかえって悪平等となってしまう。アメーバ経営では、短期の成果で個人の報酬に極端な差をつけていないが、みんなのために一生懸命働き、長期にわたり実績をあげた人に対して、その実力を正当に評価し、昇給、賞与や昇格などの処遇に反映させている。

誰にも真似できない事業にする

世間では、メーカーなどの経営について語るとき、ハイテクと呼ばれるような高度な技術を持っている企業こそ優れているのだという。強力な特許を持っているとか、最先端の技術を持っているとか、そういう会社が優れた企業だと評される。

特許や先端技術を持つことはもちろん大事なことではあるが、たとえ特許や技術で一時的に先行していても、数年も経たないうちに、競合他社が新しい方法を編み出し、追いついてくる。その会社が技術だけに頼っているなら、他社に追いつかれたとき、いったいどうするのだろうか。ハイテクを駆使して、次から次へと新技術を生み出せるならともかく、現代のような技術進歩が速い時代に、そうすることはきわめて困難である。そのため、競合他社が追いついてきたとき、その会社の優位性は一挙に崩壊することになる。

技術的な優位性というのは、このように永遠不変のものではない。だから、企業経営を安定させようと思うなら、たとえ技術的にさほど優れていなくとも、どこでもやれるような事業を優れた事業にすることが大切である。つまり、誰もがやれるような仕事をしていても、「あの会社はひと味違う」というような経営をすることが、その会社の真の実力なのである。

最近では、京都の代表的な電子部品メーカーであるロームや村田製作所、当社などが不況のなかでも健闘している姿を見て「アセンブリではなかなか儲からないので、電子部品やデバイスに力を入れたい」などと言っているセットメーカーもあるそうである。

「アセンブリは儲からない」と言うが、私はそうは思わない。アセンブリという仕事は、単にプリントボードの上に部品を搭載するだけの仕事ではない。回路を設計し、部品を組み合わせ、優れた機能を最終製品に付与してお客様へお届けするというすばらしいビジネスである。部品を組み合わせた結果、その機能が掛け算となって製品の付加価値を飛躍的に高めていくのが、セットメーカーの本来あるべき姿である。そういう工夫をすればアセンブリでも十分収益はあがるはずである。そういうメーカーの原点を忘れて、現在儲かっているから電子部品に手を出そうというなら、そんな会社が成功するわけがない。どのような分野であれ、お客様の心をとらえる新製品を創造するために知恵と努力を惜しまなければ、無限の付加価値を生み出せるはずである。

これは、何もハイテク産業に限った話ではない。日本経済を支える中小企業のなかには、靴、タオル、衣料品などをつくっている企業がたくさんある。そういった中小企業は、安価な中国輸入品などにおされて倒産に追い込まれる会社が多いが、その一方でただひたすら創意工夫を重ね、誰にも負けない努力をし、立派な経営を続けている会社もある。

このような昔からあるような業種でも優れた実績を残している会社というのは、世の中で決して目立つ存在ではない。だが、平凡な仕事を立派な事業にしている会社こそ、実は非凡な会社なのである。

当社の関連会社であるＫＣＣＳマネジメントコンサルティングが実施しているアメーバ経営コンサルティングを受けて、アメーバ経営を導入した企業には、従来より存在する地味な業種の企業も多い。だが、これらの企業は、アメーバ経営を導入することにより、従業員の経営参加意識を高め、アメーバ単位まで採算管理を徹底することで、つねに仕事の付加価値を高め、採算を際限なく向上させている。

このように最先端の技術を持っていなくても、平凡な仕事で高収益経営を実現することは可能なのである。たとえ、地味で平凡な事業であっても、キラリと光るものにする。それこそ、アメーバ経営の真骨頂である。

第3章
アメーバの組織づくり

1　小集団に分け、機能を明確に

まず機能があり、それに応じて組織がある

組織は会社経営のベースとなるたいへん重要な要素であり、組織づくりは経営の根幹をなすものである。一般の会社では、いわゆる経営の常識と呼ばれるものに従って組織を編成しているところが少なくない。だが、単に常識に従って組織をつくっていくと、人員が知らず知らずに増加していき、組織の肥大化が起こりやすい。

たとえば、創業間もないメーカーの場合でも、一般的な組織論の常識に従えば、製造や研究開発、営業に加えて、経理、人事、総務、資材などの管理部門が必要となる。さらに、各部門のなかに課や係を設けるなら、組織の数はさらに増え、必要な人員も膨れ上がることになる。

そのような組織の肥大化を避けるためには、会社を運営するうえで不可欠な機能にもとづいて組織を編成しなければならない。「他社もそうしているから、このような組織をつ

くろう」というような横並びの発想ではなく、会社を効率的に運営するために、まず、どのような機能が必要なのかを明らかにし、その機能を果たすためには、どのような組織が最低限必要なのかを考えるべきである。そのうえで、その組織を運営していくためには、最小限どれくらいの人員が必要なのかを考えるのである。

その例として、当社は創業期において、経理、人事、総務、資材などの組織を個別に設けなかった。その理由は、メーカーにとって最低限必要な機能である製造や研究開発、営業以外に多くの人員を割けなかったからである。そのため、その他のさまざまな仕事をおこなう管理部門をひとつだけ設けることにした。こうして、わずか数名が製造や開発以外のすべての仕事をおこなうという、まったくムダのないスリムな組織にすることができた。

アメーバ経営における組織編成は、このように「まず機能があり、それに応じて組織がある」という原則にもとづいて、最低限必要な機能に応じたムダのない組織を構築することが基本になっている。

ひとりひとりが使命感を持てる組織に

京セラを設立後しばらくのあいだ、私は自ら営業活動をおこない、お客様から注文をいただき、自ら製品を開発し、製造をおこなうというように、ひとりで何役もこなしてきた。そのような経験から、メーカーを経営するには、営業、製造、研究開発、管理の四つの基本的な機能が最低限必要であると考え、次ページの図のような組織を構築していった。

今日のメーカーでも、このような機能別組織をとっているところが多い。だが、単に組織を機能別に分けていくだけでは不十分である。全社一丸となり経営を推進していくには、各組織に帰属する従業員が、自分たちの組織の機能や役割を肝に銘じ、その責任を自ら果たそうという使命感を持つことが重要である。

たとえば、営業の役割は、受注活動を通じてお客様より注文をいただき、製造の仕事を確保するとともに、お客様が満足する製品やサービスを提供し、代金を回収することである。製造であれば、つねにお客様を満足させるような価格、品質、サービス、納期を満たす製品を生産し、利益を生み出していく。そのために、優れた製品をつくると同時に、徹

京セラ初期の機能別組織

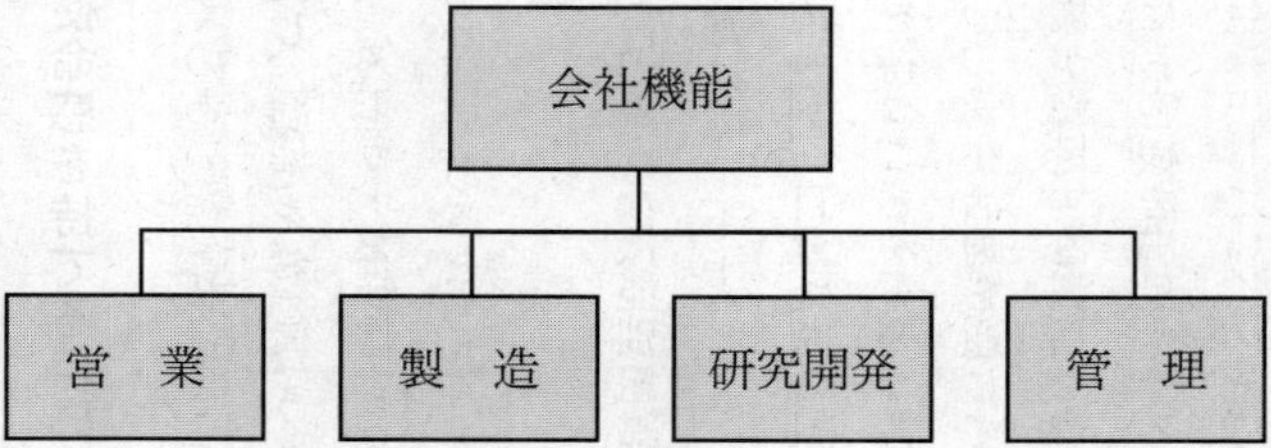

底したコストダウンをおこない、限りなく付加価値を高めていくことが役割となる。

京セラでは、製造、営業、研究開発、管理のそれぞれの基本的な役割を次のように位置づけている。

・製造　お客様を満足させるものづくりを通して付加価値を創出する
・営業　販売活動（受注から入金まで）を通して付加価値を創出し、同時にお客様の満足度を高める
・研究開発　市場ニーズにもとづいた新製品、新技術を開発する
・管理　各アメーバの事業活動を支援し、会社全体の円滑な運営を促進する

さらに、ビジネスには必ず仕事の流れが存在し、それは、多くのプロセスにより成り立っている。それぞれのプロセスが、必要とされている機能を忠実に果たしながら、お互いに連携して仕事を進めていかなければ、経営は決してうまくいかない。新たに組織をつくる場合も、ビジネスフローを描き、それぞれのプロセスで必要とされる機能を明確にし、ビジネスの流れに沿って、それぞれの機能を果たしていく必要がある。

そのうえで、会社が組織力を発揮するには、会社を構成する各組織のひとりひとりが自らの役割や責任を深く認識し、何としてもそれを果たそうという強い使命感を持つことが不可欠である。このことは一見あたりまえのように思えるが、アメーバ経営における組織のあり方として最も重要なことである。

細分化するための三つの条件

それでは、こうして機能別に分けられた組織を、どのように細分化し、アメーバ組織をつくればよいのだろうか。

各アメーバ組織は、会社全体を構成するひとつの機能を担いながらも、それぞれが自主独立採算で活動をおこなう組織の単位である。そのため、単に組織を細分化すればよいといった簡単なものではない。アメーバをどう分けるのかは、アメーバ経営の成否を決するほど重要なことである。

第2章でも述べたように、アメーバ組織を編成するにあたっては、三つの条件が必要となる。これら三つの条件を満たすように組織を細分化しなければならない。

条件1　アメーバが独立採算組織として成り立つ単位であること。つまり、アメーバの収支が明確に把握できること。

条件2　ビジネスとして完結する単位であること。つまり、リーダーがアメーバを経営するのに、創意工夫をする余地があり、やりがいを持って事業ができること。

条件3　会社の目的、方針を遂行できるように組織を分割すること。つまり、組織を細分化することで、会社の目的や方針の遂行が阻害されないこと。

私自身は京セラを創業後、組織を分けていく際に、まず会社の採算を大きく左右する製造部門に着目した。当初は、電子工業用のファインセラミック部品を専ら製造していたので、工程別に採算を見ようと考え、少人数で構成される工程別に分割したアメーバを編成し、それぞれにリーダーを配置して、その経営全般を任せた。製造部門を次ページの図のように工程別に細分化し、工程別のユニットオペレーションを構築していった。

会社が成長するにともない、生産する品種も飛躍的に増加していった。そのため、品種別にアメーバ組織を分ける必要が出てきた。また、工場が手狭となり、滋賀工場など新工場を次々と設けていったので、工場別に組織をつくる必要も出てきた。こうして、工程

製造部門における工程別の細分化

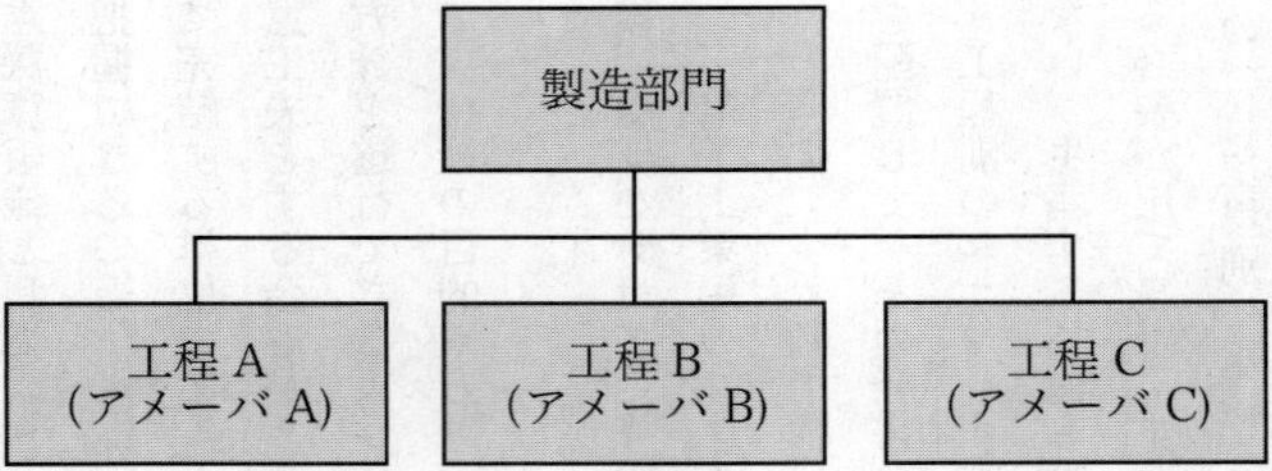

別、品種別、工場別など、さまざまな組織編成をおこなうことにより、事業の成長に従ってアメーバ組織の数もどんどん増加していった。

同時に、営業部門においても、地域別、品種別、顧客別などさまざまな分け方により、組織を細分化した。この傾向は、研究開発部門や管理部門においても同様であった。

やがて、私は経営の安定と会社の成長を図るため、数多くの新規事業を立ち上げた。多様な事業を的確に運営していくために事業部制を採用し、事業の多角化を積極的に推進していった。その結果、現在の京セラでは細分化されたアメーバの数は約三〇〇〇に至っている。

経営者の視点からビジネスが見える組織にする

それでは、会社経営の視点から、このように組織を細分化していくと、どのような利点があるのだろうか。食料品店を例にあげて、考えてみよう。

ここに家族だけで経営している食料品店があるとする。店は、さほど広くないのだが、野菜、魚、肉を販売しており、乾物や缶詰、インスタント食品などの加工食品まで取り扱っている。客が買い物をすると、店主は店先につるしたザルに代金を入れ、お釣りを渡す。一日の商いが終われば、店主はザルをひっくり返し、その日の売上を勘定する。いわゆる、どんぶり勘定で経営している。

これが限られた種類の商品を取り扱っている店であれば、経験や勘を頼りに何とかやっていけるだろう。だが、この店のようにさまざまな品種を扱っていると経営の実態をつかむことは容易ではない。なぜなら、商品の性質が品種ごとに異なるため、商売の仕方も変わってくるからである。

まず、それぞれの商品寿命が大きく異なる。肉なら冷蔵庫に入れておけば当分保《も》つだろうが、魚は一日保つかどうかだし、野菜ならすぐに萎《しな》びてしまう。商品寿命が違えば、値段の付け方もそれぞれで違ってくる。売れ残ると廃棄する商品であれば、ある程度高い粗利を確保する必要がある。商品寿命が長く、よく売れるような商品では、薄利多売することもできる。商品の質が異なれば、商売の仕方も変化するので、これらの商品は品種ごとに管理し、どの部門で儲かって、どの部門で儲かっていないのか、部門別の採算を明らかにすべきである。

この店の例であれば、野菜、魚、肉、加工食品の四つの部門に採算を分けて計算してみる。もし、部門ごとに売上や経費を集計するのがたいへんならば、売上のお金を入れるザルを四つ用意すればよい。そうすれば、野菜を売った代金は野菜部門のザルに入れるといったように、各部門の売上が計算できる。このようにザルを四つに分けることが重要なポイントである。そうすると、店を閉めてから、それぞれのザルのお金を勘定すれば、各部門の一日の売上が一目瞭然となる。

しかし、商品の仕入れ代や店で発生する一般経費は、決してザルのお金から払ってはいけない。ザルとは別に管理しているお金から払い、支払いの証拠となる伝票を残しておく。そうすれば、部門別の仕入れ代やその他の経費も集計できるようになる。

こうしておけば、ザルのなかにある一日の売上から、それぞれの仕入れを差し引いて、さらに、売れ残って捨てなければならない分を処理すれば、各部門の収支が明らかになる。今日一日、野菜、魚、肉、加工食品の各部門でそれぞれいくら儲かったのかが、すぐ計算できることになる。こうして部門別に採算を見ていくと、「ウチの店は、いままで野菜で儲かっていると思っていたが、本当は魚の儲けが大きかった。野菜の売り方をもっと考えなくてはいけない」というように、経営の実態や問題点が手にとるようにわかり、直ちに対策を打つことができる。

そのうえ、「長男は野菜担当、次男は魚担当、……」というように責任分担を決めておけば、さらにきめ細かい経営ができる。経験が浅い若者であっても、それぞれの分野を任されれば、自部門の商売の仕方を工夫するようになる。野菜であれば、それぞれの野菜が、今日どれくらい売れるかを予測して仕入れるようになるし、野菜が萎びないようにときどき水をやったりする。夕方、売れ残った野菜を安くして売り切るなど、儲かっていなかった部門でも、儲かるようにするためにさまざまな創意工夫が生まれてくる。

これは、在庫を考えずに単純化した例だが、部門別採算を正しくおこなえば、どんぶり勘定で見えてこなかった経営の実態が見えてくる。こうすれば、「どこの部門で改善すべきか」「今後どの部門に力を入れるべきか」といった商売の力点も一目瞭然となる。

つまり、組織を細分化する際には、経営者の視点から見て、どのような単位で採算をとらえれば、経営の実態がより明瞭に見えてくるのかが鍵となる。経営者が会社という船を舵取りするうえで、船全体の動きが一目でわかるように、経営者の視点に立った組織編成をおこない、各部門の実態が手にとるように実感できることが大切なのである。

若い人材をリーダーに抜擢し、育成する

ところで、組織を細かく分けようとすると、当然、そのアメーバを運営していくリーダ

ーが必要となるため、リーダーをどのように選出するかという問題に行きあたる。特に、人材が不足している場合には、組織を細かく分ければ分けるほど、誰をリーダーにするのかで大いに頭を痛めることになる。

もちろん、適当なリーダーがいないのに、何が何でも組織を細かく分けなければならないということではない。リーダーとなる人材があまりにも不足している場合は、現在の人材で運営できる範囲で細分化しなければならないこともある。また、組織を細かく分けて、一時的に上位の部門長や他のアメーバリーダーが兼務するといった方法も考えられる。

だが、アメーバ経営の目的のひとつは、経営者意識を持つ人材育成にある。たとえ現段階で十分な経験や能力がなかったとしても、リーダーとなる可能性のある人材を発掘し、その人材にアメーバリーダーを任せていくことが大切である。その場合、リーダーに経営を任せきりにするのではなく、新しいリーダーを指導、監督する立場にある者が、足りないところを指導し、育成していかなければならない。つまり、アメーバの責任者になるべき人材が不足している場合には、組織をあるべき姿に分けて、将来性のあるリーダーを抜擢し、育成していくことが必要なのである。

私は、新規事業を始める場合においては、「人材こそ事業の源である」と考えてきた。だから、単にビジネスチャンスがあるという理由で事業を始めたことはない。新規事業を担うにふさわしい人材が社内にいることを確認したうえで、あるいは、社内にいなくても社外に適任者がいて、当社に来てくれる目処《めど》を立てたうえで、新規事業に乗り出すことにしてきた。「適切な人材がいるから新事業に進出する」というのが私の鉄則である。

アメーバ経営では、組織を細分化しているので、将来性のある新しいリーダーを登用して仮にうまくいかなかったとしても、会社の屋台骨を揺るがす危険性は少ない。だから、若干経験不足で不安が残る人材であっても、リーダーとして積極的に登用し、経営者としての自覚と経験を積ませることが大切である。

組織を分けて事業を伸ばす

京セラの部品事業は、かつて製造部門と営業部門の二つの組織に分かれていた。やがて製造部門が、ファインセラミック部品、半導体部品、電子部品などに分かれていったのに対し、営業はファインセラミック営業としてひとつの組織のままであった。その際、地方の営業所など人数の少ない営業所では、各営業担当者が各事業本部の製品を専任で担当する場合と、ひとりの営業担当者がすべての部門の製品を兼任で担当する場合があった。たとえば、ファインセラミック事業本部と半導体部品事業本部と電子部品事業本部の担当営業がそれぞれいて、同じ顧客に営業に行っているとする。そうすると、顧客からすれば「三人の担当者が来るけれども、ひとりが担当してくれたほうが対応しやすい」となるかもしれない。たしかに、兼任の営業担当者を置いたほうが効率的に見える。

ところが、営業担当者をひとりにしてしまうと、楽に注文がとれる製品に注力しがちになる。その営業担当者にとってはどの事業本部の製品で注文をとっても構わないからだ。したがって、努力と時間を要する新規顧客や新市場の開拓に身が入らない。しかし、独立採算をとっている各製造部門は、それぞれ注文がなければ事業としてやっていけない。本来なら事業本部ごとに専任の営業担当者を置きたいところだが、それほどの受注はまだない、という状況が起こる。

この場合に、事業本部ごとに専任の営業担当者を置くべきか、業務効率を優先して兼任の営業担当とするべきか、その判断はたいへん難しい問題である。しかし、業務効率ばかり考えていても、売上がいつまでも横ばいのままであれば仕方がない。たとえ、いまの受注が小さくても、専任の営業担当者を置いて、大きな受注に結びつけていくことがあるべき姿である。

したがって、アメーバ経営が部門別に売上を伸ばし、独立して採算を高めていくことが本来の姿であることを考えれば、一見ムダに見えても、営業の組織を分けていくべきである。組織を細分化できるときは、多少の経費増となっても、それを上回るような受注、売上、採算をあげて、それぞれの事業を伸ばしていくことを考えるべきである。

2　市場に対応した柔軟な組織

いま戦える体制をつくる

こうしてつくりあげたアメーバ組織を維持、運営していくうえで注意すべき点がいくつかあるので、ここで述べていきたい。

まず、アメーバ経営の目的のひとつである「市場に直結した部門別採算制度」を実現するためには、組織を細分化するだけでなく、アメーバ組織を市場の変化に対してつねに即応させなければならないということである。

京セラは創業当時から、お客様から注文をいただいて製品を生産する受注生産が主体であった。そのため、市場動向、つまり受注に応じて、限られた人材と設備を使って、いかに臨機応変に効率的な生産体制を確立するかということを考えなければならなかった。

以前、こんなことがあった。ある部門を預かる長が「来期からこのような組織に変更したい」と、私のところへ相談に来た。私はすぐさま、「部門経営者であるあなたが、自分の組織を見て問題があると気づいたならば、なぜその組織変更を来期に延ばすのか。来月からでもすぐに実施しなさい」と指示した。

めまぐるしく変化する市場を相手にわれわれは事業をおこなっている。その動きや変化に応じて、組織体制も柔軟に変えていかなければ、市場から取り残されてしまう。「いまを戦える体制をつくらなければ、競争に負けてしまう」という危機感から、私はつねに組織をつくり変えてきた。

実際に経営してみるとよくわかることだが、一生懸命考えて「組織をこう変えよう」と思っても、しばらくしてもう一度考えてみると、「これでは矛盾があってうまくいかない」と思うことがある。そんなとき、方針を軽々しく変えたのでは沽券《こけん》にかかわると考える人もいるだろう。しかし、実際に仕事のことを真剣に考えれば、朝令暮改《ちょうれいぼかい》にならざるをえない場合もある。

アメーバ経営の特長は、リーダーの意志に対して、現場が「打てば響く」ように即応することである。「これはいい」と思えばすぐに手を打つ。また考えてみて「これはダメだ。こうするべきだ」と思えば、部下に「すまん」と言って、すぐ直す。アメーバ経営には、すばらしいアイデアを思いつけば、すぐ実行して効果を出すことができるという利点がある。組織変更においては「朝令暮改も必要である」という前提に立ち、ダイナミックな事業展開を心掛けるべきである。

アメーバ経営を実践する際、硬直した組織であってはならない。現在の組織が市場の実態に合っているかどうかをつねに考え、臨機応変に組織を組み直すべきである。現在も、事業部の統合や分割といった会社規模での大きな組織から、現場のアメーバ単位の組織まで、市場の動向に合わせてつねに進化を繰り返している。そのため、毎月全従業員の名前の入った組織表が更新され、幹部へ配付されている。この組織表と部門別の採算表があれば、幹部は自部門のメンバーの顔と名前を思い浮かべながら、その活動の状況を明確に把握することができる。

リーダーはアメーバの経営者

各アメーバ組織には、必ず責任者であるリーダーが存在する。リーダーは、まるで中小企業の社長のように責任感と使命感を持って、自らの意志で目標を設定し、経営をおこなっていく。また、従業員も自分たちの職場なのだから、さらによくしていきたいという意識を持っている。各アメーバが自らの採算を向上させようと経営を改善することにより、それが積み重なって、会社全体として大きな業績向上が図られる。
また、アメーバ単位にまで採算管理が徹底されるため、経営トップは会社の動きが隅々まで見えるようになり、アメーバの事業運営について的確な指示や指導をおこなうことができる。こうして、アメーバ経営をおこなうことにより、末端のアメーバ組織を活性化し、会社全体のエネルギーを最大限にまで引き出すことができるのである。

自由度の高い組織だから経営理念が重要

アメーバ組織は、小集団独立採算制のもとでそれぞれ活動をおこなうため、自由度の高い組織体といえる。それは、人に管理されて働くのではなく、自らが主体性を発揮して仕事に取り組むことで、自己の能力を高めていける組織である。しかし、自由度の高い組織体であるからこそ、リーダーと構成員の経営に対する意識、モラルの高さが問われることになる。

第1章で述べたように、アメーバは社内であっても互いに売買をおこなう。工程ごとにモノが流れていくとき、原価ベースの引き渡しではなく、自分たちの利益を乗せた売値で売買する。だが、その売値を決めるときにも自分たちの採算だけを考えればいいのかというと、そういうわけではない。

たとえば、いくつかの工程を経て製造されているある製品が、客先より大幅な値下げを要求され、どうしても売値を下げなければならない場合、それをどの部門が吸収するのかという問題が生じる。その場合、各リーダーは自分のエゴを突き通すのではなく、たとえ採算が厳しくとも、事業全体のために売値を下げることが必要となってくる。つまり、相手を思いやる利他の心を持ち、会社全体の調和を考えて行動しなければならないのである。

そこで、ひとりのアメーバ責任者が「わかりました。私のところはこの値段にしましょう」と自ら申し出たとしよう。しかし、実際のビジネスでは、いくら他者を思いやるといっても、「会社のために売値を下げたので、自部門の採算が悪化した」のでは会社経営は成り立たない。これでは、真の利他ということはできない。本当に会社のためを思うなら、「普通なら利益が出ないと思われるこの値段でも、何とか採算を上げてみせよう」と、人一倍の努力をする覚悟がなければならない。つまり、いままでにない徹底した原価低減をおこなうという「自らがすさまじい努力をはらう覚悟」を持って譲歩するというのが、本当の利他行である。

また、事業部長などが社外で値段交渉をする場合でも、不況で受注が激減したり、同業他社に注文を取られたりすると、「市場が厳しいから仕方がない」と言って、採算を合わせる確信がないまま、大幅な値下げ要求を受けてくる者がいる。そうすると、製造は「そんな値段で合うわけがない」と言い出し、結局、赤字になってしまうというケースがある。

しかし、トップとして交渉する以上は、そのような無責任な態度で交渉に臨むべきではない。その事業を任された事業部長が値下げを受けるのであれば、どのようにして原価を下げ、利益を確保するのかということを事前に考え尽くさなければならない。そのうえで、「絶対にできる」という確信を持って注文を取ってくるべきである。そうして、事業部長は製造に対し、「いままでのやり方では確かに採算は合わないが、こういう新しい方法により、みんなで力を合わせれば、いままで以上の採算があげられるはずだ」と訴え、みんなの協力を得て、一致団結して難局にあたることが重要なのである。

各アメーバは、共通の経営理念のもと、ひとつの会社のなかで、ともに働く運命共同体の一員である。したがって、各アメーバリーダーは、自分の立場を明確に主張しながらも、エゴを捨て、会社全体の利益を考え、人間として正しい判断を下すことが求められる。そのうえで、各アメーバが全体との一体感を持ちながら、個々の採算を追求していかなければならない。

このように、共有すべき普遍的なフィロソフィ、経営理念、価値観がその集団の根底に脈々と流れているからこそ、組織が細かく分かれていても、会社全体があたかもひとつの生命体であるかのように機能することができるのである。

3 アメーバ経営を支える経営管理部門

冒頭に述べたように、アメーバ経営とは、私が会社を経営していくなかで、京セラの経営理念を実現させるために創り出した「経営管理システム」である。そのベースとなる思想ならびに手法と仕組みを維持、管理し、さらに進化、発展させる役割と責任を担うためにつくったのが「経営管理部門」であり、これはたいへん重要な組織である。

経営管理部門は、会社全体の経営数値を取り扱う部門であり、経営の舵取りをおこなううえで重要な経営情報を正しく集約させる役割と責任を担っている。つまり、飛行機のコックピット内の各種計器盤にあたる経営情報を正しく機能させ、アメーバ経営を根底から支える部門である。

そのため、経営管理部門は、京セラの経営思想である「京セラフィロソフィ」と「京セラ会計学」を実践する部門としての使命感と責任感を持つことが求められている。つまり、原理原則に則り、物事の本質を追求し、「人間として何が正しいか」という判断基準を堅持しなければならない。

このような経営管理部門がアメーバ経営において果たすべき三つの基本的な役割をここに述べておく。

①アメーバ経営を正しく機能させるためのインフラづくり

経営管理部門は、実際のビジネスを円滑におこない、アメーバ経営を正しく機能させるために、「受注生産システム」や「在庫販売システム」に代表される社内のビジネスシステムを構築し、その適正な運用を図るという役割を担っている。

さらに、経営管理をおこなううえで必要とされる社内ルールを立案、改定し、その徹底を図らなければならない。社内ルールを立案し、それを維持管理していくうえで重要なことは、ルールの意義・目的を明確にするということである。

社内ルールのあるべき姿については、次にあげる項目を参照してほしい。

会社としての基本的な考え方、価値観と合致する

社内のルールづくりの前提となるのは、会社としての基本的な考え方、価値観（当社でいえば、京セラフィロソフィ）に合致したルールをつくるということである。会社経営を

長期的に成功に導くには、正しい判断基準が必要である。全社で共有すべき経営哲学や経営トップの方針を社内ルールに反映させることにより、事業を発展させていかなければならない。

経営の視点でとらえる

二番目に重要なことは、社内ルールの立案にあたっては、会社経営という視点からルールをつくることである。「ビジネスの形態はどうなっているのか」「事業を発展させるために組織体制や組織の役割や責任はどうあるべきか」を理解し、これらの視点に適合した社内ルールを構築しなければならない。

そのためには、社内ルールをつくる際、ビジネスの形態や組織形態に従って、アメーバの実績（売上・総生産・経費・時間）をどうとらえるのかを具体的にシミュレーションしたうえで、ルールを構築することが大切である。

経営の実態をありのままに伝える

三番目に、社内ルールは、経営数字が経営の実態をありのままに表すように設定されなければならない。そのためには、物事の本質を見極めて、複雑な事象をシンプルにとらえ、誰が見ても経営の実態を正しくとらえられるように社内ルールをつくらなければならない。

一貫性がある

四番目として、一貫性のあるルールをつくることである。新たなルールを構築する際に、ある特定の事例だけを考えてルールを構築してしまうと、従来のルールとのあいだに考え方の相違や矛盾が生じてしまうことがある。ルールとは一貫した考え方によりつくられるべきものであり、個々のルールは一貫性が保たれているかどうかを検証したうえで構築されなければならない。

全社に公平である

社内ルールは、全社に公平、公正に適用されるべきである。社内ルールは、個々の事業単位に対応したものではなく、会社全体として統一された考え方や基準をもとに設定されなければならない。また、アメーバ経営の前提のひとつである、全部門が平等な条件のもとで切磋琢磨し合うためにも、社内ルールは全部門に対して、つねに公平、公正であることが求められている。

②経営情報の正確かつタイムリーなフィードバック

経営トップや各部門のリーダーが、すばやく、かつ正確に経営判断をおこなうためには、いまの経営状態を「ありのまま」の姿で、正確かつタイムリーに把握できなければならない。飛行機のコックピットの計器盤のように、あらゆる経営数値が経営の実態をそのまま映し出す必要がある。

これを実現させるために、経営管理部門が中心となり、具体的な手法や仕組みの構築、その運用をおこなっている。

③会社資産の健全なる管理

経営の実績を把握するのと同様に、会社資産を健全に管理することはたいへん重要なことである。ここでいう会社資産とは、受注残、在庫、売掛金、固定資産などのすべてを含むものであり、会社を経営するうえで大切な経営情報である。

当社では、すべてのモノとカネは「一対一対応の原則」にもとづいて管理され、実績と残高の数字も、つねに「一対一対応の原則」で整合性を保つよう管理されている。

経営管理部門は、実績とともに残高の管理を徹底し、また、必要に応じて各部門に資産の適正な管理を促すことにより、会社資産の健全なる管理と運用を促進する役割を担っている。

第4章

現場が主役の採算管理——時間当り採算制度

1　全従業員の採算意識を高めるために――部門別採算の考え方

「売上最大、経費最小」で経営をシンプルにとらえる

ここでは、アメーバ経営においてどのように採算を管理していくべきかについて、京セラでおこなっている「時間当り採算制度」の仕組みを中心に説明していきたい。

第1章で述べたように、創業当時、会計の知識がほとんどなかった私は、はじめて損益計算書と貸借対照表を見せられたとき、並んでいる数字が何を意味するものか、まったくわからなかった。経理の担当者に、いろいろな質問をして、少しでも理解しようとしたが、あまりに初歩的な質問に経理の担当者が驚いたほどだった。

私は経営や会計の素養がなかったために、経営というものを難しく考えるのではなく、できるかぎりシンプルにとらえようとした。その結果、経営においては「売上を最大にし、経費を最小にすれば、結果としてその差である利益が最大になる」という原理原則を見出し、それに従って今日まで会社を経営してきた。

この「売上最大、経費最小」という原理原則は、時間当り採算制度のベースとなるものである。そのために、まず、お客様が必要とする製品やサービスを提供していく際、あらゆるムダを抑え、支出を削減することが、経営の基本となる。

一般的には、売上が増えれば経費もそれに応じて増えていくものと考えられがちだが、現実はそうとはかぎらない。売上が増えても、知恵を絞って努力をすれば、経費を増やさない、あるいは減らすことさえ可能である。あらゆる創意工夫によって売上を増やす一方で、つねに経費を徹底して切り詰めていくことが経営の原則である。

この原則を全従業員とともに実践していくには、どのようにしたら売上があがるのか、経費はどこでどのように発生しているのかを、現場の人たちが容易に理解できるようにしなければならない。そのため、シンプルでわかりやすい採算管理の手法が必要となる。

現場が活用できる管理会計手法

中小・零細企業では、社内に経理処理をおこなう人員を抱えられないなどの理由から、損益計算書などの財務諸表の作成をアウトソーシングすることが多い。売上伝票や経費の支払伝票などを一週間または一カ月分まとめて、外部の税理士や公認会計士の事務所に持っていくわけである。会計事務所では、会社ごとに伝票を全部整理して損益計算書を作成してくれる。多いところでは毎月、少ないところでも半期に一度は決算書をつくって、採算の状況を教えてくれる。だが、それでは、経営の結果として出てくる数字を「自分たちでつくる」という実感はわきにくい。

大企業では、コンピュータシステムが導入され、各現場でデータがインプットされている。そのデータが経理部門のコンピュータに伝えられ、自動的に集計され、決算がおこなわれる。だが、経理部門で集計された決算の結果は、現場にフィードバックされていないことが多い。せいぜい役員のところまで「今月はこうなりました」という結果が伝えられる程度で、現場の人たちは何も知らされていないという会社が多い。したがって、会社がどのような状態になっているか現場がまったく知らないという会社さえある。

仮に、現場の社員に経営の実態を知ってもらおうと損益計算書などの経理資料をそのまま持ち込んだとしても、現場の人たちにとっては非常に複雑でわかりにくいため、自分の仕事に直接結びついているという実感はわかないだろう。

それならば、ふつうの家で使っている家計簿のように、シンプルに各部門の収支状況をとらえることができないだろうかと思い、考案したのが「時間当り採算表」である。

初期のころは、アメーバリーダーが実績数値のみを表のなかに書き入れていたが、やがて、月初に予定数字を組むようになった。現在では、それぞれのアメーバが月次単位の自分たちの活動計画を具体的な予定数字として時間当り採算表の形で表し、実際の活動によって売上や経費がどれだけ発生したのかという実績と対比しながら採算を管理している。

さらに、時間当り採算制度では、事業活動の成果を「付加価値」という尺度でとらえるようにしている。詳細は後で述べるが、この「付加価値」とは、売上金額から製品を生み出すためにかかる材料費や設備機械の償却費など、労務費を除くすべての控除額（経費）を引いたものである。自分がどれだけの付加価値を生み出したかをわかりやすくするために、単位時間当りの付加価値、つまり、総付加価値を総労働時間で割った一時間当りの付加価値を算出している。これが「時間当り」と呼ばれる指標である。

この「時間当り」の指標などにより、各アメーバは年次や月次などの目標を設定し、実績を管理している。つまり、自分たちの活動した結果である付加価値を月次単位で正確に把握することにより、すぐさま問題点を見つけ出し、その改善に向けたアクションがすばやくとれるようにしている。

標準原価方式とアメーバ経営の違い

多くの製造業の製造部門では、管理会計の方式として標準原価計算を採用している。これは、工場を管理する会計手法として、製品コストの管理、在庫の評価、製造部門の実績評価などにおいて重要な役割を果たしている。

当社と関連が深い大手電機メーカーでも、標準原価計算を採用している会社が多い。これは以前聞いた話だが、たとえば、当社のような納入業者から電子部品を買って、テレビを組み立てていく場合、経理などにいる原価計算の専門スタッフが、製品にかかる原価を計算しているのだという。

その際、どのように原価を管理するかというと、まず前期の原価を計算して、「前期はこういう原価になっているので、今期は前期の一割減を目標にして原価を下げよ」というような指示が出る。それを受けた製造は、前期に比べて一割下げた目標となる原価を設定し、その範囲内で製品をつくるように努力する。だが、製造では、目標とする原価内で製品をつくれば自らの責任を果たしたことになるので、自ら利益を生み出すといった意識はまったくない。

次に、製品が完成すると、営業部門が製造部門から製品を標準原価で受け取る。その製品の原価にマージンを乗せて売値を決めて、販売するのは、すべて営業の才覚であり、責任である。だが、なかには「市場競争が激しいので、原価に少し利益を乗せたぐらいで売るしかない」といって、会社全体の利益を考えずに安易に値決めをする者が出てくる。そうすると、営業経費を差し引くだけで、たちまち赤字になってしまう。そのうえ、実際に値段を決めるのは営業担当重役ではない。営業担当者が秋葉原《あきはばら》などで調査した結果をもとに値段を決めている場合が多いという。何のことはない、営業を始めてわずかしか経っていない営業担当者が、会社の経営を決めていることになる。

私は、このような大手電機メーカーの経営の現状を聞かされ、「日本を代表するメーカーであり、優秀な社員がたくさんいるのに、実際に値決めをして会社の経営を左右しているのは一握りの営業担当者なのだ」ということに気づき、愕然《がくぜん》としたことを覚えている。

現在でも、標準原価方式をベースにして、一部の営業担当者がその企業の経営を左右する値決めや利益管理をおこなっているところが多い。しかし、何千名、何万名という優秀な社員を抱えていながら、一握りの営業担当者にすべてが委ねられているような経営システムでは、大部分の社員の能力をムダ遣いしているとしか思えない。このように、一見システマティックな仕組みに見えるが、実際には、社員の能力を引き出すように、うまく機能していない場合が多いのである。

一方、アメーバ経営では、製品の市場価格がベースとなり、社内売買により市場価格が各アメーバに直接伝えられ、その社内売買価格をもとに生産活動がおこなわれている。さらに、製造のアメーバが独立したプロフィットセンターであるため、製品の売値で利益が出せるよう、アメーバが責任を持ってコストを引き下げようとする。つまり、与えられた標準原価で製品をつくることではなく、市場価格のもとに、自ら創意工夫をしてコストを引き下げ、自分の利益を少しでも多く生み出すことが製造部門のアメーバの使命なのである。

したがって、社員の大部分を占める製造部門が、自分のつくった製品の原価しか知らない一般の会社と、アメーバ経営を採用している会社では、従業員の採算意識に雲泥の差が生じる。

アメーバ経営の製造部門では、標準原価方式のように原価のみを追求するのではなく、メーカー本来の姿である、自らの創意工夫により製品の付加価値を生み出すことに主眼が置かれている。この点からも、アメーバ経営は、従来の管理会計の思想を根底から覆《くつがえ》す、斬新な経営システムといえる。

採算表からアメーバの姿が見えてくる

社長だったころ、私は出張に出かけるとき、必ず時間当り採算表をカバンに入れて持ち歩き、暇さえあればそれを見ていた。そうすると、その部門の責任者やその部下の顔、工場の一角でみんなが働いている様子などを手にとるように理解することができた。

私は、絶えず現場に足を運んでいたので、生産している品目、材料や製造プロセス、設備、生産技術、そのアメーバを率いているリーダーや現場の雰囲気などを十分に把握していた。だから、時間当り採算表の数字を見ただけで、アメーバの活動状況や部門の実態や現在抱えている問題点が、映像のように次々と頭に浮かんできた。

すばらしい実績で私に語りかけてくれる部門もあれば、助けてくれと悲鳴をあげ、救いを求めている部門もある。「なぜ、このアメーバはこんなに電気代がかかるのだろうか」「どうして旅費交通費がこんなに高いのだろうか」——何の報告を受けなくとも、時間当り採算表がすべてを教えてくれる。

アメーバの姿が見えてくるためには、時間当り採算表の経費項目をどのように分けていくかがポイントとなる。一般の会社の決算書のなかには、他の経費科目より雑費のほうが金額が高いという場合がよくある。本来、種々雑多な経費からなり、他の科目に比べて金額が小さいから雑費なのであって、無視できないような大きな金額であればそれを一括りにすべきではない。後ほど述べるように、時間当り採算表の項目は一般的な決算書の勘定科目より詳細になっているため、経営の実態をより正確につかむことができる。

会社経営において大切なことは、日頃より現場のことをよく知っておきながら、詳細な採算表により各部門の経営状況を客観的に分析し、経営にあたることである。時間当り採算表は、現場の従業員の汗と努力の結晶であり、アメーバの姿を正しく映し出してくれる「鏡」なのである。

全アメーバ、全従業員の力を結集する

アメーバ経営において、それぞれのアメーバは、組織の大小にかかわらず「付加価値」を高めていくことが要求されている。しかし、先に述べたとおり、採算に対する貢献が強調されるあまり、他社で見られるような実績数字に直結した大きな金銭的インセンティブを設けて社員を動機づけることは危険であると考えている。

京セラは、本来、全従業員の心と心の結びつきをベースに経営してきた会社であり、また、個人の能力や才能は、人類、社会に役立てるために与えられているものであるという考え方に立っている。したがって、実績のよいアメーバが、大きな顔をして社内で威張るとか、見返りとして高い報奨金を受け取るといったことはない。その代わり、すばらしい業績をあげたアメーバには、仲間からの賞賛と感謝という精神的な名誉が与えられる。

また、アメーバに対する評価においては、受注、総生産、時間当りなどの絶対金額ではなく、各アメーバが創意工夫によりそれらの数字をいかに伸ばしたかという点を重視している。これは、アメーバ同士が社内で競い合うのではなく、各アメーバが関連する部門と調和を図りながら自発的に力を伸ばしていくことが会社にとって理想的な姿だと考えているからである。つまり、アメーバ経営では、自分さえよければいいという利己的な考え方で行動するのではなく、会社全体の発展のため、全アメーバ、全従業員の力を結集することが求められているのである。

2 「時間当り採算表」から創意工夫が生まれる

アメーバにおける採算管理

ここでは、まず、京セラで運用している「時間当り採算表」を例に、各アメーバの採算管理がどのようになっているかについて、その概要を説明する。

137ページの図表は、部品事業の製造部門における時間当り採算表である。

社外への出荷金額にあたる「社外出荷（B）」四億円と、社内にある他のアメーバへの出荷金額にあたる「社内売（C）」二億五〇〇〇万円を合計して、「総出荷（A）」六億五〇〇〇万円が算出される。この総出荷から、社内の他のアメーバから部材などを購入した金額「社内買（D）」二億二〇〇〇万円を引いて、製造アメーバの収入を表す「総生産（E）」四億三〇〇〇万円が算出される。

アメーバの儲けである「差引売上（G）」は、「総生産（E）」四億三〇〇〇万円から、アメーバの労務費を除いたすべての経費合計である「控除額（F）」二億四〇〇〇万円を

*

ガス燃料費	F14	6,000,000
荷造用品費	F15	2,000,000
荷造運賃	F16	2,000,000
雑給	F17	5,000,000
その他労務関連費	F18	1,000,000
技術料	F19	0
補修サービス費	F20	10,000
旅費交通費	F21	2,000,000
事務用品費	F22	300,000
通信費	F23	200,000
公租公課	F24	2,000,000
試験研究費	F25	10,000
委嘱報酬	F26	0
設計委託費	F27	10,000
保険料	F28	300,000
賃借料	F29	900,000
雑費	F30	2,860,000
雑収入・雑損失	F31	−200,000
固定資産処分損・益	F32	−1,000,000
固定資産金利	F33	5,000,000
在庫金利	F34	10,000
減価償却費	F35	20,000,000
内部諸経費	F36	5,000,000
部内共通費	F37	−400,000
工場経費	F38	6,000,000
内部技術料	F39	200,000
営業・本社経費	F40	40,000,000
差引売上	G	190,000,000
総時間	H	35,000.00
定時間	H1	30,000.00
残業	H2	4,000.00
部内共通時間	H3	40.00
間接共通時間	H4	960.00
当月時間当り	I	5,428.5
時間当り生産高	J	12,285

単位：円、時間

製造部門 時間当り採算表の例

項目		
総出荷	A	650,000,000
社外出荷	B	400,000,000
社内売	C	250,000,000
商品（売）	C1	0
商品（買）	D1	0
磁器・部品（売）	C2	60,000,000
磁器・部品（買）	D2	30,000,000
原料・成形（売）	C3	95,000,000
原料・成形（買）	D3	90,000,000
焼成（売）	C4	32,000,000
焼成（買）	D4	30,000,000
メッキ（売）	C5	0
メッキ（買）	D5	0
加工（売）	C6	60,000,000
加工（買）	D6	60,000,000
ソノ他（売）	C7	2,000,000
ソノ他（買）	D7	10,000,000
設備消工（売）	C8	1,000,000
設備消工（買）	D8	0
社内買	D	220,000,000
総生産	E	430,000,000
控除額	F	240,000,000
原材料費	F1	20,000,000
金具費	F2	3,000,000
商品仕入高	F3	3,000,000
副資材費	F4	2,000,000
屑処分益	F5	−200,000
内部消工費	F6	1,000,000
金型費	F7	6,000,000
一般外注費	F8	30,000,000
協力会社費	F9	30,000,000
消耗品費	F10	7,000,000
消耗工具費	F11	20,000,000
修繕費	F12	9,000,000
電力水道料	F13	10,000,000

（＊に続く↗）

差し引いて算出する。したがって、その差である一億九〇〇〇万円がこのアメーバの差引売上、つまり付加価値に相当する。これを「総時間（H）」三万五〇〇〇時間で割ると、「当月時間当り（I）」が五四二八・五円となる。

141ページの図表は、受注生産の営業部門の時間当り採算表である。

当月の「受注（A）」は三億六〇〇〇万円、「総売上高（B）」は三億五〇〇〇万円である。営業部門の収入である「総収益（C）」は、受注生産における営業口銭（手数料）と在庫販売による粗利を合計したものだが、この例は受注生産なので在庫販売はおこなっていない。

後でくわしく説明するが、受注生産の営業アメーバの収入である受取口銭は、売上高に口銭率を掛けて計算される。この場合、口銭率を八％とすると受取口銭は二八〇〇万円となり、「総収益（C）」も同額となる。

この「総収益（C）」から、労務費を除く、広告宣伝費、販売手数料、旅費交通費などの営業活動に必要な経費の合計、「経費合計（D）」一二〇〇万円を差し引くと、「差引収益（E）」一六〇〇万円となる。それを「総時間（F）」二〇〇〇時間で割り、「当月時間当り（G）」が八〇〇〇円と計算される。

このようにして「時間当り」を算出することにより、各アメーバは、自らが一時間当りに生み出す付加価値を正しく認識し、経営活動に反映させている。

それでは、この時間当り採算制度がどのような特徴を備えているのか、その主要な点を明らかにしたい。

営業部門も製造部門もプロフィットセンター

アメーバ経営では、営業部門と製造部門がそれぞれ独立採算（プロフィットセンター）であるため、アメーバの全員が少しでも付加価値を高め、採算を向上させるよう努力する仕組みとなっている。

先ほども述べたように、製造部門の採算は、生産金額を収入として計上し、そこから労務費を除くすべての控除額を差し引き、差引売上を算出する。営業部門においても、収入にあたる総収益から労務費を除くすべての経費を差し引き、差引収益を算出する。こうして計算した差引売上（営業の場合は差引収益）を総時間で割って、「時間当り」を算出している。このように、営業部門と製造部門が、ともにプロフィットセンターとして自らの付加価値を把握し、その数字を高めるよう努力している。

＊

ガス燃料費	D26	15,000
電力水道料	D27	37,000
雑費	D28	110,000
雑収入	D29	−250,000
雑損失	D30	0
固定資産処分損・益	D31	0
本社経費	D32	530,000
部内共通費	D33	49,000
間接共通費	D34	560,000
差引収益	E	16,000,000
総時間	F	2,000.00
定時間	F1	1,800.00
残業	F2	100.00
部内共通時間	F3	30.00
間接共通時間	F4	70.00
当月時間当り	G	8,000.0
時間当り売上高	H	175,000

単位：円、時間

営業部門 時間当り採算表の例

項目			
受注		A	360,000,000
総売上高		B	350,000,000
受注生産	売上高	B1	350,000,000
	受取口銭	—	28,000,000
	収益小計	C1	28,000,000
在庫販売	売上高	B2	0
	売上原価	—	0
	収益小計	C2	0
総収益		C	28,000,000
経費合計		D	12,000,000
	電話通信費	D1	260,000
	旅費交通費	D2	980,000
	荷造運賃費	D3	3,500,000
	保険料	D4	130,000
	通関諸掛	D5	360,000
	販売手数料	D6	360,000
	販促費	D7	0
	売上割戻高	D8	28,000
	広告宣伝費	D9	130,000
	接待交際費	D10	84,000
	委嘱報酬	D11	12,000
	外注・サービス費	D12	20,000
	事務用品費	D13	40,000
	公租公課	D14	75,000
	賃借料	D15	560,000
	減価償却費	D16	130,000
	固定資産金利	D17	120,000
	在庫金利	D18	19,000
	売掛金金利	D19	3,000,000
	仕入商品費	D20	0
	内部諸経費	D21	390,000
	雑給	D22	56,000
	その他労務関連費	D23	390,000
	消耗工具費	D24	210,000
	修繕費	D25	95,000

(＊に続く↗)

収入から労務費を除く控除額や経費を差し引くと付加価値が計算される。労務費を控除額や経費に含まないようにしたのは、労務費が各アメーバでコントロールできない性質を持っているからである。労務費自体は、会社の採用方針、人事や総務に関連する方針により、その金額がほぼ決まってしまうため、アメーバの責任者が労務費をコントロールすることは困難である。

したがって、アメーバリーダーが管理できない労務費ではなく、生産性をとらえるうえで重要な「時間」の管理に主眼を置いている。付加価値である差引売上を総労働時間で割れば、一時間当りに生み出した付加価値である「時間当り」が計算される。

従業員の働きによって得られた「時間当り」がどれくらいならよいかは、それぞれの会社で一定の基準を設ければよい。たとえば、パートタイマーやアルバイトが主力の会社なら、時間当り三〇〇〇円をあげれば、時給一〇〇〇円を支払っても、残りの二〇〇〇円が利益として会社に残ることになる。

仮に従業員の一時間当りの労務費が三〇〇〇円の会社であれば、たとえば六〇〇〇円以上といった、さらに高い「時間当り」を目標とすればよい。その意味で「時間当り」は、それぞれのアメーバが一定水準以上の数字を達成しようとする指標となっている。

目標や成果を金額で表す

時間当り採算表の特徴のひとつとして、活動の目標や成果をすべて、数量ではなく金額で表示している点があげられる。社内のあらゆる伝票にはモノの数量に加え、金額を表記するようにしている。したがって、社内でも、単に「何個買った」「何個つくった」という個数ベースだけではなく、「いくら購入した」「いくら生産した」という金額ベースでやりとりしている。

お金は誰もが毎日使っている共通の尺度であり、日常の生活感覚で実感することができる。だから、現場で働く従業員にも、自分の仕事のなかでお金の流れが発生していることを理解してもらうために、すべての伝票に金額を明記するようにした。

京セラを創業したころは、そもそも月次決算をおこなっている会社が少なかった。そのため、半期または一年に一度、決算が出てくるので、毎月の採算がどうなっているのかわからないというのがあたりまえだった。当時の京セラのような会社規模では、月次決算自体が目新しかった。しかも、月末で締めて一週間以内に月次の損益が出てくるのは驚異的なことだった。

そのうえ、決算や会計処理を外部の会計事務所に依存するのではなく、社内の経営管理部門で採算表を作成し、現場が日々実績数字を把握し、改善改良をおこなってきた。

私は、この採算表を使って、つねに厳しく採算を見ていた。たとえば、工場の現場を歩いていても、原料や金具が床に落ちているのを見つけると、「この原料がいくらすると思ってるんだ。会社のものだから、落ちていても何とも思わないんだろう。もし、自分のお金で買ったものが一個でも落ちていれば、身を切られる思いがするはずだ。そういう思いでモノをつくらなかったらいかんではないか」と注意した。本当の仕事をするならば、頼まれ仕事、雇われ仕事、やらされ仕事ではいけない。従業員にも、床に落ちている原料を見て、身を切られるような思いになってもらいたいと、現場を回るたびに訴えてきた。

アメーバ経営では、どんな小さなムダであっても、自分のものと思って見逃さないようにしている。時間当り採算表も、一円という小さな単位まで正確な金額で記載することで、きめ細かな採算管理を支えている。

タイムリーに部門採算を把握する

経営というものは、月末に出てくる時間当り採算表を見ておこなうものではない。月次の採算は毎日発生する細かい数字の集積であり、日々採算をつくる努力を怠ってはならない。だから、時間当り採算においては、重要な経営情報である受注、生産、売上、経費、時間などを、一カ月分の数字をまとめて月末に集計するのではなく、日々集計をおこない、その結果をスピーディーに現場へフィードバックしている。

後でくわしく述べるが、各アメーバでは、月初に時間当り採算表のすべての管理項目について予定数字を立てている。毎日の実績数字を正しくとらえているからこそ、その予定数字に対する進捗状況を日々把握することができる。そのため、予定に対し、受注、売上、生産などの遂行が遅れている場合には、予定達成に向けた対策をすぐに講じることができる。また、経費予定に対して経費を使いすぎている場合にも、出費を厳しくコントロールするなど、すばやい対応がとれる。

アメーバという小さな単位ごとに、デイリーベースで採算を見ることにより、すばやい経営判断を下すことができる。このような日々の採算管理が、予定の確実な達成や迅速な経営判断を支えている。

時間意識を高め、生産性を上げる

アメーバ経営では、各アメーバが「時間当り」を上げようと努力するため、つねに総時間を意識して、生産性を上げるように創意工夫を重ねている。

たとえば、ある部署で時間当り労務費が平均三六〇〇円かかっているとする。そうすると、「一分間当り六〇円」、さらに言えば「一秒間一円」の労務費が発生していることになる。だから、われわれは働く以上、その労務費を上回る付加価値を生み出さなければならないことになる。このような事実を職場のメンバーにもよく理解してもらい、時間に対する意識を高め、つねに緊張感のある職場をつくり出すべきである。

もちろん、総時間を減らすといっても、これは就業規則で定められた定時間を削減するという意味ではない。従業員は、残業がなくても、定時間(八時間)は必ず拘束される。受注が減り、一日五時間分の仕事しかなかったとしても、それ以外の時間も当然カウントされる。だからこそ、いかに時間の使い方を工夫するかが、部門を経営していくうえで重要な要素となる。

仮に、あるアメーバは、自分のところの仕事が少なく、隣のアメーバは人手が足りないとすれば、余っている人員を応援として出すことができる。その際の時間を振り替えることで、応援を出した部門の総時間は減り、逆に応援してもらった部門の総時間が増えることになり、全体として時間を有効活用できるわけである。

京セラでは、そのような際に振り替える時間も、〇・五時間（三〇分）単位まで厳密にカウントしている。このように、それぞれの部門がどれだけの時間を費やしたのかを正確に把握していくことによって、総時間をできるだけ短縮して「時間当り」の向上を図っている。

現代の企業経営では、スピードが何よりも重視されており、時間効率をいかに高めていくかが競争に勝つための鍵となっている。アメーバ経営における時間当り採算制度は、現場の指標に「時間」という概念を持ち込むことによって、従業員ひとりひとりに時間の大切さを自覚させ、仕事の生産性を向上させている。このことが、自部門の採算を向上させるだけにとどまらず、会社全体の生産性を高め、市場競争力を強化しているのである。

時間当り採算表で運用管理を統一する

時間当り採算表は、各アメーバのリーダーやメンバーが自分たちのマスタープラン（年度計画）、予定と実績を把握する管理資料として活用されている。それだけでなく、各アメーバの数字が積み上がったものが、課、部、事業部といった上位組織の数字となり、最終的には会社全体の数字となる。したがって、各アメーバの時間当り採算を集計することによって、全社の経営実績を把握することができる仕組みとなっている。

また、実績数字だけではなく、マスタープラン、月次の予定についても、各アメーバの採算表が集計されて、最終的には会社全体としての計画数字が算出される。

このように、時間当り採算という同じ指標を会社全体で共有し、同じ基準やルールのもとで運用していくために、時間当り採算表のフォーマットは、全社で統一されたものでなければならない。営業部門と製造部門では、収入のとらえ方が異なるため、異なるフォーマットを使用しているが、各部門内では統一されたフォーマットが使用されている。

このことにより、会社内のどんな小さなアメーバであっても、どこに問題があるのかが一目瞭然となり、経営トップは正しい経営の舵取りをおこなうことができる。さらに、各アメーバや全社の実績を朝礼などの場で発表することにより、全従業員が各部門や全社の経営状況を正しく理解できるようになる。こうして、従業員の経営への参画意識が高まり、会社全体でガラス張り経営が実現されるのである。

3　京セラ会計原則の実践

アメーバ経営においては、各アメーバで発生する売上、生産、経費、時間などの実績数字を正確に把握することが重要である。そこで、日々の経理処理が正しくかつ迅速におこなわれるための社内ルールの確立と運用が必要となる。そのベースとなる考え方が「京セラ会計学」である。

京セラ会計学の根本は、会計上においても、あくまで本質を追究し、経営の原理原則に立ち戻って会計の問題を判断していくことにある。つまり、会計上の常識にとらわれるのではなく、物事の本質にまでさかのぼり、「人間として何が正しいか」をベースに判断するのである。

詳細については、私の著書『稲盛和夫の実学』（日本経済新聞出版社刊）に譲るが、ここでは、アメーバ経営を実際に運用するうえで特に重要な考え方に絞って簡潔に述べておく。

一対一対応の原則

事業活動にともない、会社ではモノやお金がつねに動いているが、時間当り採算制度では、このモノやお金の流れを正しく把握することが不可欠である。そのためには、モノやお金が動けば、その結果を示す伝票が一対一対応で添付され、確実に処理されなければならない。これは一見してあたりまえのことであるが、徹底することは決して容易ではない。

たとえば、一般の会社では、日常の営業活動のなかで、商品は先に顧客に届けられたが、伝票は後日発行されるといったケースが見受けられる。担当者は「あとで伝票を発行するから」という軽い気持ちでやったとしても、忙しさのあまり、いつのまにか忘れてしまい、結果的に代金が回収できなくなるといった事態を招くことがある。このように、モノやお金が伝票とバラバラに処理され、動かされることになると、何がどこにあるのかという実態がつかめなくなり、事業活動にも支障をきたすようになる。

もし、このような処理を許していると、やがて、「伝票操作」や「簿外取引」などの悪質な不正を許すことになる。それが恒常化すれば、すべての管理は形骸化し、組織全体のモラルが崩壊することになってしまう。

「一対一対応の原則」とは、こうした事態を防ぐため、モノやお金の動きを一対一対応で把握し、ガラス張りで管理することを意味する。モノが動けば必ず伝票が起票され、チェックされて伝票が同時に動く。誰が見てもモノと伝票が一対一で対応している。つまり、伝票だけが勝手に動いたり、モノだけが動いたりすることはありえない状態にすることである。

さらに、時間当り採算表では、一カ月間の経営実績が正しく表されなければならない。そのためには、ある商品が生産され、その売上が当月計上されるとすれば、それに対応する仕入れや経費も当月計上されるべきである。収益と費用が一対一で正しく対応していなければ、月次の利益が月によって大きく変動することになり、経営の実態が見えなくなるからである。

このように「一対一対応の原則」を厳守することは、経営数字を正しくとらえるための必要条件であるとともに、それは不正や間違いを未然に防いでくれる。

ダブルチェックの原則

あらゆる業務において、「ダブルチェック」をおこなうことは、業務そのものの信頼性を高め、会社組織の健全性を維持するため、つねに厳守すべき原則である。

この原則は、私の哲学の根底にある「人の心をベースとして経営する」という経営哲学から生まれた。人間には、魔が差したとしか言いようのない過ちを犯すことがある。たとえば、今月の実績がどうしても厳しいので、つい数字を操作してしまうといったことが起こりうる。このような人間の持つ弱さから従業員を守っていくために、つねに複数の人間が数字をダブルチェックして不正や誤りを防ぐ管理システムを設けている。

部門別独立採算制のアメーバ経営では、自部門の採算をよくしたいという意識が強いため、このダブルチェックがうまく機能するよう、組織体制やルールづくりをおこなうことが重要である。具体的には、資材品の受取、製品の入出荷、売掛金の回収に至るまで、すべての業務プロセスにおいて、複数の人間や部署が二重にチェックしながら、仕事を進めていく必要がある。

一般のメーカーの場合、製造部門のなかに購買機能を設けている企業が多い。製造部門に組み込んだほうが、購入する資材品の詳細な仕様や品質などを細かく指定できるという考え方からだろう。しかし、製造部門が直接、仕入先の選択や単価交渉をおこなうことによって、取引業者との癒着などの問題が起きることがある。

そのため、京セラでは製造部門から独立した資材部門を設けている。これによって、製造部門や資材部門が「なぜ特定の取引業者とばかり付き合うのか。こちらの業者のほうが安い」などと指摘し合うことで、取引業者との癒着を防ぐことができる。つまり、モノの購入の流れを複数の部門でお互いにチェックすることによって、組織的なダブルチェックが働くようにしている。

この他にも、現金の入出金、会社印の取り扱い、金庫の管理、売掛金・買掛金の管理、支払伝票の発行など、必ず複数の人間や部署がチェックをおこなうシステムを社内につくりあげることで、正しい経営数字を把握できるようになっている。

完璧主義の原則

現在、製品の品質に対する要求は、不良品ゼロがあたりまえというほど厳しく、営業、製造、研究開発のすべてのプロセスにおいて、文字どおり「完璧」な仕事が要求されている。

このことは、経営目標の達成に関してもまったく同じである。京セラでは、受注、売上、生産や時間当りなどの経営目標に関しても「一〇〇%には達しなかったが、九九%達成できたので、それでよしとしてくれ」というような考え方を認めていない。製造、営業の目標に対して完璧な遂行を要求している。

経営管理などの管理部門においても同様である。時間当り採算表や決算書などは経営判断の基礎となるものであり、その数字に少しでも間違いがあれば、経営判断を誤ることにつながる。だから、経営数字についても、つねに「完璧」が求められている。

完璧主義を全うすることは困難なことではあるが、それでも完璧にしようという強い意志があるからこそ、ミスもなくなり、目標を達成することができるのである。

筋肉質経営の原則

アメーバ経営では、ムダな経費をなくすことが強く求められている。そのためには、会社は筋肉質でなければならない。筋肉質とは、ムダな贅肉《ぜいにく》が一切ない、引き締まった体質であることを意味する。すなわち、利益を生まない在庫や設備といった余分な資産を一切持たないことである。

なかでも、不良資産が発生しないよう、長期滞留在庫を厳しく管理している。売れないモノを長期にわたり資産計上して、見かけ上の利益を計上するのではなく、会社の実態に即して、売れないモノは早く処理して、資産をスリム化するようにしている。

また、設備投資による減価償却費や人件費などの固定費も、知らず知らずのうちに肥大化するため、増加しないように細心の注意をはらっている。設備投資の場合であれば、いかに性能が優れた設備であっても、新品を安易に購入するのではなく、まず現在の設備をいかに使いこなすかをとことん考えるように社内で徹底している。

最新鋭の設備を導入すれば生産性は向上するが、それが費用対効果で見た経営効率の向上につながるとはかぎらない。過剰な設備投資を繰り返せば、経営体質を弱めることにもなる。一度発生した固定費はなかなか下がらないため、固定費を増加させる設備投資や増員はくれぐれも慎重におこなうべきである。

さらに、アメーバ経営では、原材料などの購入において「当座買いの原則」というルールを設けている。これは、「必要なものを、必要なときに、必要なだけ購入する」という考え方である。使う分だけを当座買いすると、いまあるものを大切に使うようになるため、ムダがないし、余分の「在庫」がないため、在庫を管理するための経費、場所や時間も必要なくなり、結果的には経済的である。

さらに、市場の変化が激しいため、在庫を持っていれば、商品仕様の変更によって、同じ部材を使えなくなるというリスクもある。だが、当座買いをおこなえば、このようなリスクを回避することができる。

採算向上の原則

企業は永続的に発展していかなければならない。従業員の物心両面の幸福を追求するためには、採算を向上させ、手元のキャッシュを増やし、財務体質を強化していくことが前提となる。採算向上は、会社の内部留保を増加し、自己資本比率を上げるとともに、将来に向けての新たな投資を可能とする。また、採算向上により業績を上げることで、株価を上昇させたり、高配当を実現したりすることで株主に報いることもできる。したがって採算向上は、会社を繁栄させていくための必要条件ということができる。

そのために実践すべき経営の原理原則は、実は非常にシンプルなものである。

「売上を最大に、経費を最小にする」ことに徹すればよい。アメーバ経営では、この原則を全社で実践するため、前述のとおり、時間当り採算制度を採用している。時間当り採算制度では、アメーバの生み出した付加価値である「差引売上」を高めようとするが、そうするには売上を最大限に大きくし、経費を最小に切り詰めればよい。さらに、差引売上を総時間で割った「時間当り」によって、アメーバの採算がどれくらい向上しているのかが一目瞭然になる。

採算を向上させるには、リーダーが会社を発展させ、みんなを幸福に導くために、何としても自部門の採算を高めようという強い意志と使命感を持たねばならない。そのうえで、その思いをアメーバの全員と共有していくことが重要である。リーダーと現場の従業員が、日々の仕事のなかで、採算を高めようと一致団結して努力することが、会社全体の採算を向上させていくのである。

キャッシュベース経営の原則

キャッシュベース経営とは、「お金の動き」に焦点をあてたシンプルな経営をおこなうことを意味している。メーカーは製品をつくり、お客様に販売して、代金をいただく。そのために使ったさまざまな費用は、そのなかから支払う。利益とは、本来これら支払いのすべてが終わったあとに残ったお金を指すものである。

ところが、近代の会計では、「発生主義」といわれる考え方にもとづいて会計処理をおこなうため、お金の受け取りや支払いがなされる時点と、それらが収益や費用に計上される時点が異なる場合が出てくる。そのため、実際のお金の動きと、決算書の損益の動きとが直結しなくなり、経営者にとって経営の実態がわかりにくいものになっている。

そこで、会計の原点に立ち返り、経営上、最も重要な「キャッシュ」に着目して、それをベースにして正しい経営判断をおこなうべきである。そのため、時間当り採算表では、資材購入品については「当座買いの原則」にもとづいて、購入した時点ですべて経費に計上するなど、その月の事業活動によるお金の動きをそのまま採算表に反映することによって、キャッシュの動きに近い会計処理をおこなっている。

社内の会計処理や時間当り採算のルールは、この「キャッシュベースの原則」にもとづいて、会計上の利益と手元のキャッシュとのあいだに介在するものをできるだけなくすように考えられている。

ガラス張り経営の原則

会計は、会社の真実の姿をありのままに社内外に表すべきものである。そのため、公明正大に経理処理された経営数字は、幹部から一般社員までよくわかるようにガラス張りにしておくことが大切である。そうすれば、経営の実態がつかめることで社員の経営者意識が生まれてくるし、自分の行動が社員の目からも一目瞭然となることで、幹部は自らを厳しく律し、フェアな行動を取らなければならなくなる。また、上場企業については、一般投資家の信頼を得ることが重要課題であるため、公明正大な会計の結果を正しく情報開示していく必要がある。

アメーバ経営では、全員参加経営を目指しているため、経営者だけが会社の現状を把握するのではなく、全従業員が会社の経営状況を見ることができる透明な経営に注力してきた。京セラでは、月初の朝礼で、各アメーバや各部門の経営実績が公開されている。さらに、経営方針発表や国際経営会議を通じて、京セラグループ全体の状況とその進むべき方向、課題を明らかにしている。そうすることで、社内のモラルを高め、全員参加経営を促し、全従業員の力を結集している。

4　実績管理のポイント

時間当り採算制度の運用においては、各アメーバの経営状況をありのままに映し出すために、いかに正確かつスピーディーに実績数字をとらえていくかがポイントとなる。実績が正確に把握できなければ、時間当り採算表が各アメーバの実態を表さなくなり、現場で働く人たちが、自分たちの実績であるという意識を持てなくなってしまうからである。そのため、実績数字を正しくとらえるための統一した仕組みと管理方法が必要となる。その詳細を述べる前に、まず実績管理をおこなっていくうえでベースとなる三つのポイントについて順を追って説明したい。

1　部門の役割にもとづく活動結果が採算表に正しく反映される

2　公平・公正かつシンプルである

3　ビジネスの流れを「実績」と「残高」でとらえる

部門の役割にもとづく活動結果が採算表に正しく反映される

時間当り採算表は、各部門の役割に従って活動した結果である「収入」「経費」「時間」が、その部門の実績として正しく計上されることが前提となる。経営の実態を正しく映し出すことで、アメーバリーダーとメンバーの数字に対する責任感が芽生え、仕事に対するやりがいも生まれてくる。

仮に、自分たちの活動に直接関係しない本社からの過大な賦課金《ふかきん》が課されれば、そのアメーバの正しい経営状況がつかめないばかりか、組織を構成するメンバーのやる気を失わせるものとなってしまう。

たとえば、規模は小さいが、懸命に業績向上に努めているアメーバに、本社の負担金などが大きくかかってくるとする。そうなると、自分たちが一生懸命やっても「本社がお金を使いすぎているため、われわれに過大な負担がかかっている」というようなことになってしまい、現場の第一線がやる気を失ってしまうことにもなりかねない。

そのため、あらゆる実績数字は、アメーバのどの活動によって、どれだけ発生したのか、また、発生すべきなのか、ルールや仕組みが明確になっていなければならない。

公平・公正かつシンプルである

時間当り採算制度の運用ルールが、一部の部門に都合のよい、不公平なものであっては、社内ルールとして従業員の納得は得られない。ルールは、すべての部門に対して公平かつ公正でなければ、うまく運用することはできない。

たとえば、各アメーバが生産した製品に対して、どの時点で、また、どの状態で「生産実績」として計上するのかなどの基準やルールを設けることが必要となる。

また、専門的な知識を持たなければ理解できないほど複雑であったり、難しいものであれば、社内ルールとして定着させることは困難である。したがって原理原則にもとづき、明確な意味を持つ、シンプルなルールにすることが大切である。

シンプルなルールであれば、全従業員が容易に理解することができ、ひいては、経営に参加することができる。さらに、そのルールを現場に徹底することで、経営数字の精度を高めることができる。

ビジネスの流れを「実績」と「残高」でとらえる

実績管理の仕組みを構築するうえでは、単に発生した数字をとらえるだけでなく、ビジネスの流れに沿って、つねに「実績」と「残高」という形で管理することが大切である。受注、生産、売上などの実績には、それに対応した残高が必ず発生しているので、つねに一対一の関係で実績と残高を管理する。

お客様からいただいた注文は、まず、「受注実績」として計上される。これは、受注にもとづき製品が完成され、「生産実績」が計上されるまでのあいだ、「製造受注残」として管理されている。次に、営業が製品を出荷して、「売上実績」が計上されるまでのあいだ、「営業受注残」として管理されている。

さらに「生産実績」が計上された時点から、「売上実績」が計上されるまでの期間を「在庫」、そして売上実績が計上されてから代金回収されるまでのあいだを「売掛残」として、それぞれ管理している。受注生産の場合、これらの実績管理、残高管理の流れを表すと次ページの図のようになる。

各アメーバの時間当り採算表上には、実績数字しか表示されていない。しかし、会社の

実績管理と残高管理の流れ

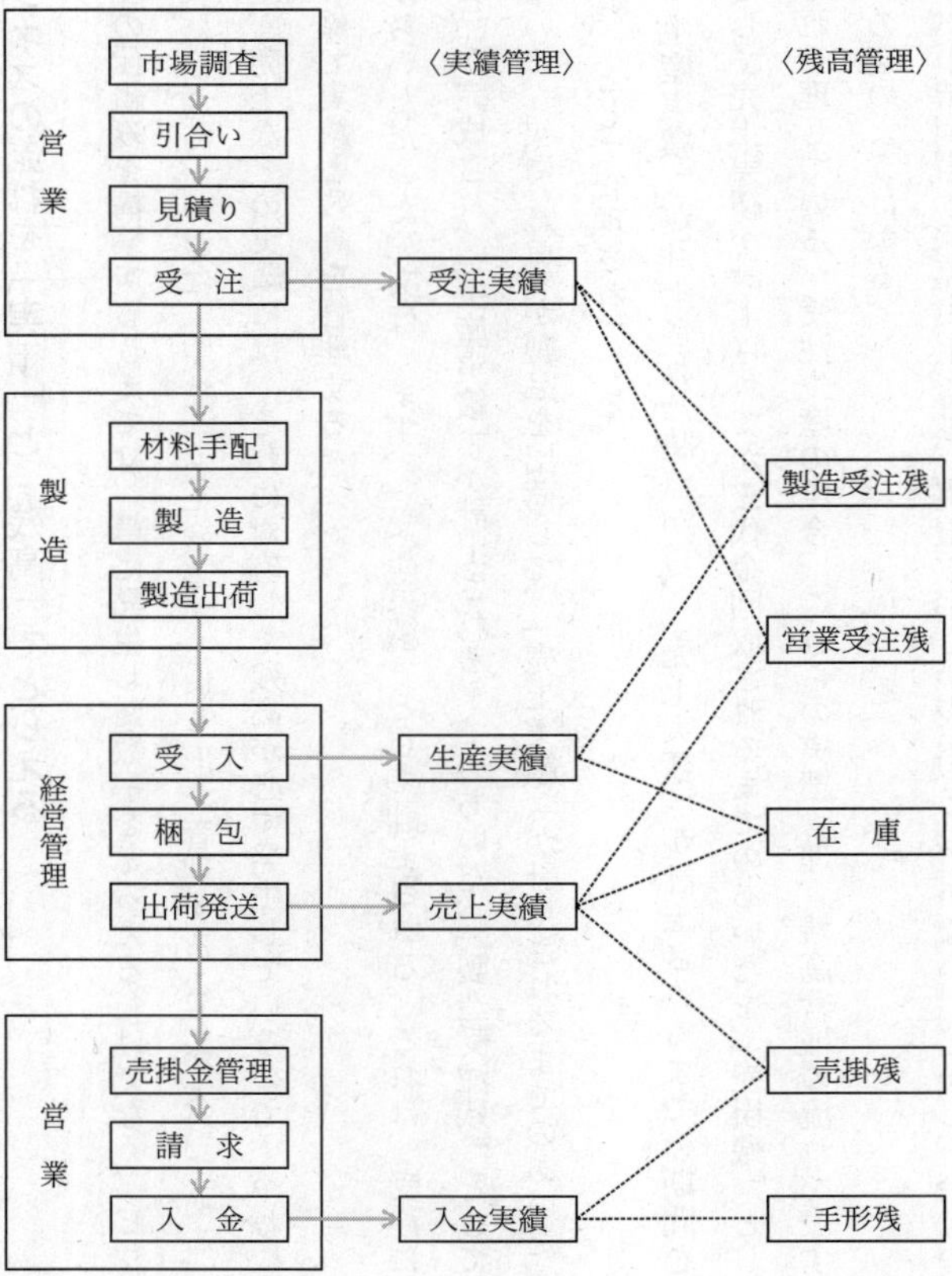

経営数字として、実績数字がつねに残高と一体で管理されており、各アメーバでも、残高がつねに意識されるようになっている。特に受注残は、今後の売上計画や生産計画を組むための前提となる重要な経営指標である。

この「実績」と「残高」をつねに関連づけてとらえるということは、会社としての経営数字に矛盾がないように、あらゆる瞬間において一対一の対応を成立させるということである。

たとえば、受注生産のビジネスでは、受注してから製品を生産し、出荷して、代金を回収するという流れになるが、ひとつのオーダーに対して、「受注金額」「生産金額」「売上金額」「入金金額」という実績数字を一連のものとしてとらえている。と同時に、それぞれに対応する「受注残」「在庫」「売掛残」という残高も一連のものとしてとらえている。

このようにしてビジネスの流れを一対一でとらえることは、経営の実態をありのままにつかむとともに、現在どのような状態にあるのかが明確となり、正しい経営判断をおこなう基礎となる。

5 収入のとらえ方——市場価格と連動させる

アメーバの「収入」をとらえる三つの仕組み

前節で時間当り採算制度の実績管理のポイントについて述べたが、次に、採算を計算するうえで必要となる収入、経費、時間の各実績をどのようにとらえればよいのかを明らかにする。京セラの例を用いてそのとらえ方について説明する。

先述のとおり、京セラは創業期、お客様の要求する仕様に合わせて製品をつくる「受注生産」の形態を中心に事業をおこなっていた。この形態は、在庫を抱えるリスクが少ない反面、お客様次第で製品の仕様、納期、価格などすべて違ってくる多品種生産である。変化の激しい市場のなかでこのような多様な製品を的確に採算管理するために、市場価格の動向を示す受注金額がダイレクトに製造部門に伝わる仕組み（これを「受注生産方式」と呼んでいる）を構築した。

その後、京セラはカメラ、プリンタなどの事業を展開し、従来の受注生産だけでなく、在庫を持ち一般消費市場に商品を販売していくようになった。この形態では、営業部門が商品の売れ行きを予測し、自らの責任で在庫を保有して販売する。市場に対して商品をタイムリーに提供していくため、製造部門は、客先からの注文により生産するのではなく、営業からの社内発注を受けて生産をおこなうことになる。

そこで、先の「受注生産方式」に対して、在庫を持ちながら完成品を販売していく形態を「在庫販売方式」と呼び、ビジネスの形態に応じてアメーバの収入を正しくとらえる仕組みを構築した。

この他、アメーバ間で社内取引をおこなうため、「社内売買」として収入をとらえる仕組みを含めて、アメーバ経営には、収入をとらえる三つの仕組みが存在している。

それでは、各々の仕組みについて説明していきたい。

①受注生産方式

私は創業当初から、「お客様が値段を決める」という市場価格を前提として経営をおこなってきた。したがって、原価を積み上げて製品の売値を決めていくのではなく、まず市場価格ありきと考え、その価格で十分な利益があがるように徹底的にコストダウンするようにしてきた。つまり、「原価＋利益＝売値」という考え方ではなく、「売値－原価＝利益」であると考えて、売上最大、経費最小に徹するよう経営してきた。

自由競争の市場経済においては、市場で売値が決まる。企業はその売値を基準にして、知恵と努力で原価を下げて利益を出していく。だが、市場価格をベースにするといっても、市場はつねに変化しており、市場価格もそれに合わせて日々変化していく。一カ月前の売値で今月もお客様に買っていただけるという保証はどこにもない。

市場価格の激しい変化に対応していくためには、営業部門だけではなく、会社全体が市場動向を的確につかみ、即応していく体制が必要である。そのためには、市場情報がダイレクトに社内に反映される採算管理の仕組みがどうしても必要になる。

一般的に製造業の利益管理を考える場合、営業をプロフィットセンター、製造をコストセンターととらえて、利益は営業で管理するという会社が多い。そのため、製造部門はコストセンターとして、目標とするコストに意識が集中してしまいがちである。言い換えれば、営業部門がいくらで売ろうとも、製造部門には直接的な影響はなく、コスト削減だけを要求されている場合がほとんどである。これでは、市場の動きに対してタイムリーに対応できるはずがない。

私は、実際にモノをつくる製造部門こそが利益の源泉であると考えており、製造部門が市場情報をダイレクトに受け取り、それを生産活動にすぐ反映させるべきだと考えている。そこで、市場価格の動きが社内の製造部門のアメーバの収入に直接連動するよう、お客様への売上金額をそのまま製造部門の収入に相当する生産金額となるようにした。一方、製造部門とお客様の仲介をおこなう営業部門は、売上に対する一定率を口銭（手数料）として製造部門から受け取り、それを収入としてとらえるようにした。

また、製造部門ではお客様への売上金額、すなわち一カ月間の「生産金額」から製造活動の費用（営業口銭と製造原価）を差し引いた金額を「差引売上」、営業部門では一カ月間の営業口銭から営業活動に要する経費を差し引いた金額を「差引収益」と呼んでいる。「お客様への売上高＝製造部門の生産金額」ととらえることによって、製造部門は市場価格をつねに把握することができる。もちろん、これは単に「製造部門でも自部門の収入や利益を計算することができる」というだけではない。

一般の企業であれば、製造部門は目標とするコストの範囲内で製品をつくり、「利益は営業部門が生み出す」と考えるが、京セラでは、営業部門が製造部門から一定の口銭を受け取り、そのなかで営業活動に要する経費を賄《まかな》うと同時に、若干の利益をあげる仕組みに

受注生産方式の収入

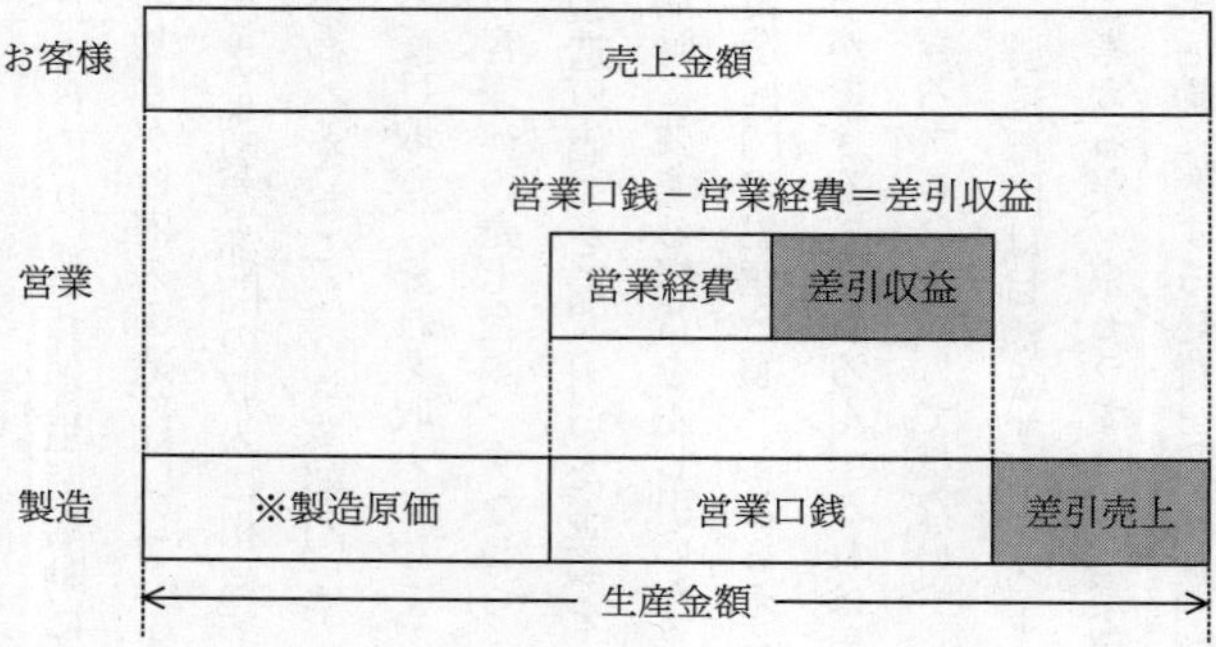

※製造原価……アメーバが活動に要したすべての費用（労務費を除く）

している。これにより、「利益の源泉は製造部門にある」という意識を徹底している。つまり、市場動向に応じて、製造部門が総生産を伸ばし、経費を最小限に抑えることで、より大きな利益を生み出すことができるのである。

営業部門の収入は手数料で

では、なぜ営業部門の稼ぎを製造から口銭を受け取る方式にしたのかについて、その背景を説明しておきたい。

社内で部門別独立採算制度を運営する場合、営業が製造とのあいだで売買価格を決める方法も考えられる。その場合、商売気のある営業は、自部門の利益を高めたいあまり、製造からできるだけ安く製品を買おうとする。また製造は、営業に対してできるだけ高く製品を売ろうとする。その結果、両者は値決めで激しく対立し、事業全体の利益を考えようとしなくなる傾向がある。それでは、アメーバの独立採算を徹底した結果、営業と製造の関係がギクシャクしたものになりかねない。

そこで、受注生産の事業形態では、当初は生産金額の一〇％を口銭として営業が製造から受け取るというルールを設定した。この方法により、製造・営業間の値決めで対立することはなくなった。もちろん一〇%という限られた手数料しかもらえないので、営業の士気が下がるのではないかという考えもあったが、売上金額を増やすことで手数料の絶対額が増えるので、営業にとっても努力のしがいがある。結果的には、この方法により、営業も利益をあげるよう努力するようになった。

営業口銭率は、ビジネスの形態や扱う製品の種類によって設定されており、原則として変更しないようにしている。仮に口銭率を注文ごとに変えたりすれば、処理が困難になるだけでなく、基準が統一されないため、不公平感を生んでしまうからである。もし、社内に不公平感が生まれれば、採算低迷の理由を口銭率などに求めかねない。設定された口銭率は、あくまでも社内ルールであると考え、そのなかで採算を追求していくべきである。

市場の動きが伝わる数字の流れ

では、この受注生産方式に沿って、実際の数字を当てはめてみよう。

たとえば、原価六〇円の製品を一個一〇〇円で一万個販売しているとする。売上金額は一〇〇万円になり、製造部門の生産金額も一〇〇万円となる。営業部門は営業口銭として売上の一〇%、一〇万円を受け取り、これが営業部門の収入となる。一方、製造部門は、生産金額の一〇〇万円から生産にかかった経費の六〇万円と営業口銭一〇万円を差し引いた三〇万円〔＝一〇〇万円－（六〇万円＋一〇万円）〕が差引売上となる。

ところが、市場で競争が激化して、この製品の売値が一個九〇円になったとしよう。製造部門の生産金額は九〇万円に減り、営業口銭は九万円となる。製造原価が六〇円のままだとすれば、製造部門の差引売上は二一万円となり、たちまち九万円の減収となる。つまり、売値が変わった瞬間に、製造部門は自分たちの採算にどのような影響があるのかが明快にわかる。そこで、製造部門は採算を回復させるために、コスト低減の手を即座に打つことになる。

一方、一般に標準原価計算を採用している会社では、営業部門が製造部門から製造原価を仕切価格として製品を買い取るというケースが多い。そのため、会社のなかで採算を把握し、市場価格の下落に敏感に反応できるのは営業部門だけとなる。採算面で直接的な影響を受けない製造部門は、仕切価格が変更されないかぎり、このような事態になかなか対応できない。当然、営業経費の削減だけでは採算改善の根本的な打開策にはならない。製造部門の対応の遅れが採算をより悪化させていくことになる。

経営にスピードが求められる今日、市場の変化に対する感度の差は、そのまま企業力の差となって現れてくる。製造部門に市場を意識させることは、製造部門の採算意識を向上させ、その体質をつねに強化していくことになる。

製造部門は売値の変化により、その採算に大きな影響を受けるため、自部門のコスト削減にとどまらず、お客様とどのような値段交渉をすべきなのか、今後の受注動向はどうなっているのかといったことを営業と一緒に考えて動くようになる。その結果、製販一体の経営が実践できる。

②在庫販売方式

従来の受注生産方式では、受注してから生産し、顧客に直接納品するという形態であったため、販売店や卸などの流通網の必要性はほとんどなかった。しかし、京セラがさまざまな分野に多角化を進めた結果、カメラやプリンタ、再結晶宝石など、流通網を駆使して広く市場に販売する事業を展開するようになった。そのため、在庫を保有して販売するという、いわゆる「在庫販売方式」が必要となった。

アメーバ経営の在庫販売方式では、営業部門と製造部門が相談のうえ、商品の希望小売価格を定め、各流通段階での価格モデルを設定し、京セラの販売価格や営業・製造間の社

在庫販売方式の収入

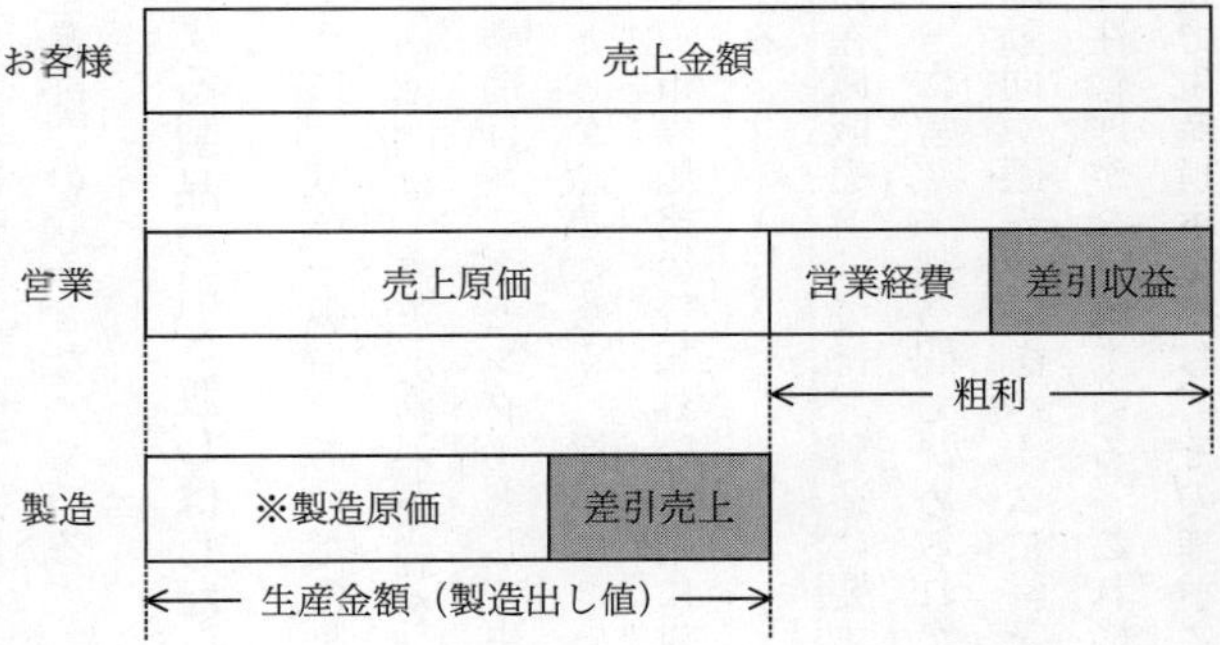

※製造原価……アメーバが活動に要したすべての費用（労務費を除く）

内売買価格を決めている。在庫販売方式では、実際の売上金額から製造出し値を差し引いた、いわゆる粗利が、営業部門の収入となっている。

原価仕切価格による製品の引き渡しはしない

一般的なメーカーのように、営業と製造のあいだで原価仕切価格による製品の引き渡しをおこなう形態では、製造部門は、過去の製造原価をベースにした標準原価を予《あらかじ》め設定しており、それをもとに製造はコストセンターとして生産活動をおこなっている。そのため、コストを管理することしか念頭になく、採算についての意識はない。また、市場の動きが直接伝わらないので、市場価格の予想外の変動に対して、柔軟に原価の目標を変えて対応することは困難である。

一方、アメーバ経営の在庫販売方式では、製造に要する原価を積み上げた原価仕切価格ではなく、市場価格をもとに営業・製造間で決められた社内売買価格が製造出し値となっている。そのため、市場動向や販売予測をベースに営業が製造へ発注をかけるというように、営業・製造間で受発注管理がなされている。これにより、営業が市場の変化に対して客観的な判断をしたうえで生産指示を出し、その指示にもとづいて製造が生産することになっている。

また、製造部門は製造出し値により計算される社内売を収入としてとらえることができるので、製造部門も当然、採算を管理することができる。その結果、製造部門は、プロフィットセンターとして自らの採算を向上させるよう、メンバー全員の力を結集することができる。

アメーバ経営における在庫販売方式では、市場価格が下がっていけば、当然、営業・製造間の製造出し値も引き下げられることになる。そうなれば、製造部門のアメーバは採算の悪化を防ぐため、自ら進んでコストダウンをおこない、採算の改善に積極的に取り組むようになる。

このように、受注生産方式と同様に在庫販売方式においても、市場価格の下落が社内に直接伝えられ、各アメーバの採算に反映されるので、各アメーバが市場の変化を直接感じとり、採算を維持・向上するためのアクションを迅速にとれるようになっている。

在庫管理は営業の責任

在庫販売をおこなううえで重要なポイントは、会社資産の健全性を保つよう、いかに在庫を最小限に抑えるかということである。一般的には、製造は商品を生産すれば生産実績を増やすことができる。そのため、短期的な採算だけを考えれば、市場の動向に注意せず、ひたすら生産し、気づいたときには売れない在庫の山を築いている危険性がある。

このような事態を防ぐため、アメーバ経営では、営業が発注して製造が生産を完了し、営業に引き渡された在庫は、営業が責任を負うことになっている。その責任を全うするため、営業は在庫を最小限の規模に抑えるよう、市場動向を的確に分析し、できるだけ正確な販売予測および価格予測をおこない、必要な数量のみを適正な価格で製造へ社内発注することになっている。したがって、販売予測や価格予測に狂いが生じ、どうしても在庫のデッド処理、あるいは、評価減をしなければならない場合は、営業の負担により処理する。

また、時間当り採算制度では、在庫に対する社内金利を市中金利より高めに設定し、営業の経費として徴収することになっており、営業の在庫に対する責任・負担がより明確になるように管理されている。営業が責任をもって在庫を管理することにより、会社の在庫を最小限の規模に保ちながら、売上を伸ばしていくことができる。

営業経費を最小にする

受注生産方式の営業では、お客様に直接販売するため、営業コストが少なくて済むので、口銭率が低く設定されており、そのなかから営業経費を賄い、かつ、利益を残している。一方、在庫販売の場合、販売店などの流通チャネルを通して商品を販売するため在庫リスクが高く、広告や宣伝も必要となり、販売店や代理店などに販促費も出さなければならないので、受注生産方式の営業と比較して、多額の営業経費が発生せざるをえない。

一般の会社では、粗利の多い部門は、少々経費を使っても、他の部門に比べて十分利益があるので、過剰接待などに経費を浪費し、その結果、会社全体の収益性が低くなってしまうというケースをよく耳にする。

アメーバ経営では、在庫販売であれ、受注生産であれ、営業にかかる経費を最小に抑えることが経営の原理原則となっている。特に、在庫販売の営業部門においては、受注生産に比べて販売経費が増えざるをえないため、粗利率が高く設定されており、知らず知らずに経費の肥大化が起こることがある。そのようなことが起こらぬよう、つねに一切のムダを省き、経費を最小に抑える努力を怠ってはならない。

③社内売買

製品が完成し、出荷されるまでには、社内のさまざまな工程をモノが流れていく。アメーバ経営では、これら工程間のやり取りにおいても、社外の市場と同様に社内取引をおこなっている。このような工程間のモノとお金の流れをとらえる仕組みが「社内売買」である。

一般的に事業部制などを採用している企業では、事業部間の売買を市場価格でおこなうことはあっても、製造工程間では原価または時間（工数）チャージでモノを受け渡しているケースが多い。前工程までのコストに自工程で発生するコストを積み上げていく方式である。しかし、アメーバ経営では、そのようなコストベースでの工程間取引はしない。社内の取引であっても、アメーバはあくまでもひとつの企業体として、その取引のなかから利益を生み出し、自主独立で経営をおこなう仕組みとなっている。

そのため、社外業者との取引同様、アメーバ間においても、材料や半製品を製品として受け渡すとともに、「社内売」「社内買」として実績数字を計上する形で売買をおこなっている。もちろん、その際の売買金額については、各アメーバが自分たちの経営を考えて、それぞれ交渉をおこなう。しかし、ここで重要なのは、社内であっても、それぞれのアメーバが適当な取り分を設定するのではなく、あくまでも市場価格を基本として値決めをしているという点である。また、すべてのアメーバは、価格、品質、納期が満たされているかという市場の視点で評価されている。

このように製造工程にまで市場原理を浸透させているので、アメーバは競争力を高めていかざるをえない。また、アメーバが採算を追求することが、同時に、後工程に対する品質保証を確立することにもなっている。

たとえば、次ページの図のように、A、B、Cの工程があり、最終出荷を担当する工程C係が営業部門から受注金額一〇〇万円の注文を受けたとする。工程C係は、前工程である工程B係に七〇万円の材料、または半製品を発注する。工程B係も同様に、工程A係へ三〇万円の材料、または半製品の発注をおこなう。

工程A係は工程B係に対して、発注分の材料または半製品を納めることで三〇万円の社内売が計上され、総生産は三〇万円となる。同様に工程B係は、工程C係への社内売七〇万円から工程A係との社内買三〇万円を差し引いた四〇万円が総生産となる。また工程C係は、社外出荷の一〇〇万円を計上すると同時に、工程B係からの社内買七〇万円をそれ

アメーバ間の社内販売

←社内発注
⇔モノとお金の流れ

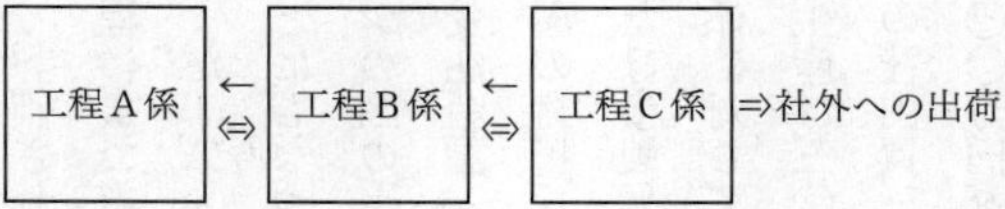

	工程A係	工程B係	工程C係	製造課計
社外出荷			100	100
社内売	30	70		100
社内買		30	70	100
総生産	30	40	30	100

単位：万円

ぞれ計上する。したがって、その差し引いた総生産は三〇万円となる。

このように、アメーバのあいだをモノが流れていくときには、いわゆる原価ベースではなく、自らの付加価値を含めた社内売買価格での受け渡しがおこなわれる。こうした流れに従いアメーバは独立採算により経営をおこなっている。

営業への手数料も各アメーバが公平に負担する

各工程間の社内売買においては、収入である生産金額だけではなく、発注元である次工程に対して、社内口銭を支払う仕組みとなっている。これは、最終工程の製造部門が営業部門へ支払う営業口銭を各工程が公平に負担するようにするためである。

実際には、工程A係は次工程である工程B係に対して社内売を計上する際に、生産金額三〇万円に対して、営業口銭率一〇%である支払口銭三万円を支払う。同様に、工程B係は、工程A係からの口銭三万円を受け取り、同時に次工程である工程C係に口銭七万円を支払う。工程C係は、工程B係からの口銭七万円を受け取り、営業口銭として一〇万円を支払う形となる。

このような仕組みにより、各アメーバの収入となる生産金額（社内売、社内買）と同様

営業口銭の負担額

	工程A係	工程B係	工程C係	製造課計	営業部門
社外出荷			100	100	
社内売	30	70		100	
社内買		30	70	100	
総生産	30	40	30	100	
支払口銭	3	7	10	20	
受取口銭		3	7	10	10
営業口銭の負担額	3	4	3	10	

単位：万円

に、営業口銭の負担についても、各アメーバが公平なルールのもとに負担している。

一品一品の採算を考慮する

各アメーバ間では、原価ベースではなく、製造原価に自部門の付加価値を加えた金額で売買がなされるが、このときに重要なことは、アメーバ間の値決めである。値決めは、基準となる計算式などの社内ルールがあるわけではない。会社間の取引と同様に、アメーバリーダー同士が交渉して決定することになる。第2章でも述べたとおり、各アメーバリーダーは、市場価格をベースにして、各アメーバが納得するように社内の売買価格の値決めをおこなう。

その際、売買する一品一品の採算を考慮し、厳密な値決めがなされている。お客様からの受注案件に対して、社内売買の価格もつねに一対一で設定されているため、「こちらの製品は価格が高いから、こちらは安くする」といった抱き合わせ金額を設定するなど勝手な売買をすることはできない。これは、品種ごとに日々変動する売値やコストを一対一対応でとらえていなければ、お客様からの受注に対して製造部門全体で採算管理することができなくなるからである。

このように各アメーバは、自分たちの置かれている状況、すなわち市場価格や生産性や歩留りなどを考慮して、一品一品の採算をシミュレーションしながら値決めをおこなう。そのなかで各アメーバリーダーは、経営者としての商才が養われていく。

しかし、アメーバリーダー同士では、どうしても利害の対立が起こり、トラブルが発生する可能性もある。このようなときは、両アメーバを統括する責任者がつねに公平で正しい判断をおこなっていく必要がある。一方の言い分だけで決めてしまえば、不公平となり、各アメーバが採算に対する責任を意識しなくなってしまうので、上司が双方の言い分をよく聞き、どちらが正しいかという視点で指導をおこなわなければならない。上司は、あくまでも、公平かつ適切に判断を下し、全体を調整する役割を担うことになる。そのため、最終的に判断する経営トップ、事業部長などは、アメーバリーダーたちが納得するような正しい判断基準とすばらしい人格を兼ね備えていなければならない。すなわち、フィロソフィを体得していることが重要となる。

市場のダイナミズムが社内に形成される

アメーバ間の売買をおこなえば、社内における伝票処理などの事務作業も多少発生することになる。しかし、あえてそれをおこなう目的は、営業を介して外部の市場とつながることで、市場動向を各製造工程に伝えていくことにある。営業がお客様から受注した段階で売値が下がれば、自ずと各工程間の売買にも大きな影響が出るため、各アメーバはすぐさまコストダウンへの対応を迫られる。

さらに、さまざまなアメーバが社内で売買を繰り返すので、会社のなかにも市場が形成されることになる。たとえば、同じ加工ができるアメーバが複数あれば、有利な条件を提示してきたアメーバと取引することも可能となる。

また、社内のアメーバにコストや品質面で問題があれば、社外へ依頼することもできる。こうして社内に市場が形成されることによって、アメーバ間の競争意識が醸成され、結果的に会社全体の競争力が高まっていくことになる。

6　経費のとらえ方——実態を正しく把握し、きめ細かく管理する

「売上を最大に、経費を最小にする」ことが経営の要諦であることはすでに述べた。ここで述べる経費のとらえ方は、「経費を最小にする」という経営の原理原則に密接に結びついている。

経費を最小にするには、経営トップが率先して経費削減活動をおこなう必要があるが、同時に、現場で働くすべての従業員が「経費を抑えよう」という強い意識を持たなければならない。そのため、現場で自分たちがどのような経費をどれくらい使っているかという実態を正しく把握できる仕組みをつくることが前提となる。

時間当り採算表では、現場で採算管理をするうえで重要な経費に絞り、経費項目を設けている。時間当り採算表における具体的な経費項目は190～191ページのとおりである。

購入時点で経費を計上

時間当り採算制度において経費を計上する場合、いくつかの守るべきルールがあるので、ここで説明しておく。

第一に、時間当り採算制度では、アメーバに関連する月次内に発生したすべての費用を経費として計上する。製造アメーバであれば、購入部材、電気代、設備の金利償却費、外注加工費、修繕費などの生産活動にかかわる経費が含まれる。さらに、間接共通経費や営業口銭などもアメーバの経費となる。ただし、時間当り採算表は、損益計算書とは違って「時間当り付加価値」を計算するため、経費項目のなかに労務費を含めていない。この点については後で解説する。

第二に、購入品の経費については、先ほど述べた「キャッシュベースの原則」にもとづき、購入した時点ですべてその月の経費として計上される。原材料を例にとれば、アメーバが原材料を購入した場合、その検収をあげた時点で、購入したすべての原材料費が経費として計上される（「購入即経費」）。これは、月次の活動をキャッシュベースで管理するために、原材料をどれだけ使ったかで経費を計上するのではなく、その月にどれだけ購入

製造部門 時間当り採算表項目

項目	
総出荷	A
社外出荷	B
社内売	C
商品	C1
磁器・部品	C2/D2
原料・成形	C3/D3
焼成	C4/D4
メッキ	C5/D5
加工	C6/D6
ソノ他	C7/D7
設備消工	C8
社内買	D
総生産	E
控除額	F
原材料費	F1
金具費	F2
商品仕入高	F3
副資材費	F4
屑処分益	F5
内部消工費	F6
金型費	F7
一般外注費	F8
協力会社費	F9
消耗品費	F10
消耗工具費	F11
修繕費	F12
電力水道料	F13
ガス燃料費	F14
荷造用品費	F15
荷造運賃	F16
雑給	F17
その他労務関連費	F18
技術料	F19
補修サービス費	F20
旅費交通費	F21
事務用品費	F22
通信費	F23
公租公課	F24
試験研究費	F25
委嘱報酬	F26
設計委託費	F27
保険料	F28
賃借料	F29
雑費	F30
雑収入・雑損失	F31
固定資産処分損・益	F32
固定資産金利	F33
在庫金利	F34
減価償却費	F35
内部諸経費	F36
部内共通費	F37
工場経費	F38
内部技術料	F39
営業・本社経費	F40
差引売上	G
総時間	H
定時間	H1
残業	H2
部内共通時間	H3
間接共通時間	H4
当月時間当り	I
時間当り生産高	J

営業部門 時間当り採算表項目

項目		
受注		A
総売上高		B
受注生産	売上高	B1
	受取口銭	—
	収益小計	C1
在庫販売	売上高	B2
	売上原価	—
	収益小計	C2
総収益		C
経費合計		D
	電話通信費	D1
	旅費交通費	D2
	荷造運賃費	D3
	保険料	D4
	通関諸掛	D5
	販売手数料	D6
	販促費	D7
	売上割戻高	D8
	広告宣伝費	D9
	接待交際費	D10
	委嘱報酬	D11
	外注・サービス費	D12
	事務用品費	D13
	公租公課	D14
	賃借料	D15
	減価償却費	D16
	固定資産金利	D17
	在庫金利	D18
	売掛金金利	D19
	仕入商品費	D20
	内部諸経費	D21
	雑給	D22
	その他労務関連費	D23
	消耗工具費	D24
	修繕費	D25
	ガス燃料費	D26
	電力水道料	D27
	雑費	D28
	雑収入	D29
	雑損失	D30
	固定資産処分損・益	D31
	本社経費	D32
	部内共通費	D33
	間接共通費	D34
差引収益		E
総時間		F
	定時間	F1
	残業	F2
	部内共通時間	F3
	間接共通時間	F4
当月時間当り		G
時間当り売上高		H

したかで経費をとらえているからである。

ただし、通信機器、情報機器、カメラなどの機器については、ひとつのモデルにさまざまな部品が必要になるため、部品をそろえて投入した時点で経費を計上しないと、月次の採算が大きく振れてしまう。また、高価な貴金属などの購入資材において、購入ロットと毎月の使用量に隔たりがある場合、購入時点ですべての経費を計上すると、月次の採算が大きく振れることになる。

このような場合には、稟議による承認を受けたうえで、資材品を使用量に応じて経費として計上する「使用高計上」を認めている。この使用高計上をおこなう際には、部材の在庫量が適正であり、デッドとなる在庫が含まれていないかを毎月チェックすることを忘れてはならない。

第三にアメーバの活動に直結しない経費（間接共通経費など）は、アメーバにとって直接管理できない費用ではあるが、納得できる基準に従って各アメーバに配賦《はいふ》している。

受益者が負担する

アメーバ経営では、その経費を発生させることによって何らかの利益を得る部門が、その経費を負担することを原則としている。これを「受益者負担の原則」と呼び、生産活動や営業活動に直接かかる費用はもちろんのこと、間接部門の共通経費まで、公平な基準のもとで経費を負担している。利益を受ける受益部門と負担すべき経費の金額が明確な場合には、「受益者負担の原則」にもとづいて、その経費がそのまま受益部門の経費となる。

アメーバ経営では、間接部門はコストセンターであり、収入がないため、間接部門などで発生する共通経費について、そのすべてを直接部門に振り替えている。そのような場合には、生産金額、出荷金額、人員割り、使用面積、受益頻度などに応じて、経費を公平に按分している。その場合も、必ず「一対一対応の原則」に則り、伝票を起こして経費実績の振り替えをおこなう。

間接部門の経費をアメーバにまで応分に経費移動するため、間接部門は月初に今月発生する経費の予定を立て、各アメーバに経費移動の予定を連絡する。アメーバはその連絡を受けて、自部門の振り替え経費予定を立てる。

このような経費の振り替えは、事業部レベルで実施している会社が多いと聞いているが、アメーバ経営では、経営の最小単位であるアメーバ間でおこなうことにより、採算の精度を高めている。少人数のアメーバ単位にまで経費の振り替えをおこなうには細かい事務作業が必要だが、現場の人たちに、自分たちの経営の姿を正しく認識してもらい、経費を最小にしていくためには、この作業が必要不可欠である。

また、このような経費の振り替えをおこなうことによって経費に対する意識を喚起することにもなり、間接部門の肥大化をチェックすることにもつながる。月初に予定していた間接部門の振り替え経費が月末の実績で大幅に増加すれば、当然各アメーバの採算に影響を与えてしまう。そこでアメーバは間接部門に対して、なぜ振り替え経費が増加したのか、その理由を追及する。こうして、京セラでは肥大化しやすい間接部門が直接部門からつねにチェックされ、ムダを生み出さない筋肉質経営を実践してきた。

もしリーダーが、振り替えられる共通経費に対して大きな負担を感じ、「これでは他の経費をいくら削減しても効果がない」と思えば、経費削減に対するやる気が失せてしまう。アメーバ経営は、現場が主役の経営であり、間接部門はあくまでもスモールガバメントに徹するべきである。

労務費の取り扱い

時間当り採算は、本来、従業員の労働時間一時間当りでどれだけの付加価値を生み出したかを計算する制度であり、人はコストというより、付加価値を生み出す源泉であると考えられている。したがって、労務費を経費として扱わず、アメーバの総労働時間をカウントし、その総時間で付加価値である差引売上を割ることで、「時間当り」を計算している。

もちろん、労務費を無視しているわけではない。リーダーは時間当りの平均労務費を把握している。アメーバの「時間当り」が、時間当り平均労務費よりも低ければ、そのアメーバの採算は赤字、上回っていれば黒字となる。したがって、各アメーバリーダーは「時間当り」の損益分岐点がどのあたりかをつねに認識している。

少人数のアメーバの時間当り採算表において、労務費を経費項目に含めるとすると問題が生じる。個々のアメーバの労務費が明らかになると、給与の高い人がいるアメーバは採算が低くなり、逆に低い人がいるアメーバは採算がよくなるというようなことも起こる。そうなれば、「採算が悪い理由は、給料が高いメンバーがいるからだ」と言い出す者が現れるかもしれない。また、労務費ばかりに目が向けられ、経営全般に対して改善や改良の手を打つという、アメーバの本来の機能が果たせなくなるという恐れもある。

こういった観点から、時間当り採算制度では、各アメーバの労務費ではなく総時間に着目し、時間当り付加価値の観点から採算管理をおこなっている。また、最近では、製造や営業の課単位以上の組織については、労務費を経費項目として含む損益計算書を作成して、税引き前利益を算出し、総合的な採算管理資料として活用している。

経費を細分化する

先ほど、時間当り採算表は現場で採算を管理しやすいようにつくられていると述べたが、経費を最小に抑えていくには、採算表にある経費項目をさらに細分化する必要がある。

なぜ細分化が必要かということを、セラミック部品の製造工程を例にして説明しよう。原料部門から成形部門に調合された原料が社内売買されている。成形部門はセラミックを成形し、それを焼成部門の炉に持っていく。焼成品は、また次工程へと運ばれる。このような場合、たとえば電気代を削減したいと考えても、「電力水道料」という経費項目には、水道代などの経費が含まれているため、電気代が実際どれだけかかっているかは明瞭でない。そこで、まず電力水道料を電気代と水道代に分ける必要がある。

次に電気代が、部門別や工程別にどれくらい発生しているかをとらえなければならない。電気代を減らすといっても、どの部門や工程でどれだけ発生しているのかがわからなければ、どこで削減すればよいのかわからないし、効果も不明確になるからである。

そこで、原料、成形、焼成などの工程ごとに積算電力量計を付け、電気の使用量に応じた経費を割り振り、各アメーバがどれだけ電気代を使ったかを明確にする。このように実際にどの部門でどれくらいコストがかかっているのかが金額でわかるようにすることが大切である。さらに、必要であれば、どの設備でどれくらい電気を使用しているのかをより詳細に管理できるようにすることが、より効果的な経費削減につながる。

また、ある部署では、「旅費交通費」が高くなっているので、何とか交通費を削減しなければならないとする。しかし、旅費交通費という一括りの経費項目では、どのような種類の交通費を重点的に削減していけばよいのか見当がつかない。そこで、伝票を集計し、旅費交通費を、航空運賃、電車代、タクシー代、宿泊費などの細目にまで分類する。そうすれば、どの細目を削減すればよいのかが一目瞭然となる。

あるいは、個人の旅費交通費の予定を毎月作成し、リーダーがより効果的な旅費の使い方を指導し、旅費交通費を削減していくことも考えられる。これぐらい詳細に経費を見なければ、「経費を最小にする」ことはできない。採算表上の経費項目を必要に応じてさらに細分化し、実態に合わせた削減方法を実施することが不可欠である。

このように経費を最小にしようとするなら、自部門のアメーバの経費がどのように発生しているのかをリーダーが的確につかまなければならない。そうしなければ、リーダーは採算向上のための具体的な対策を打つことはできない。時間当り採算表の各項目は、日々経営の実態を把握するうえで欠かせない指標であるが、リーダーたるものは、さらに細かく経費項目を分析して、眼光紙背《がんこうしはい》に徹する経費管理をおこなわなくてはならないのである。

7　時間のとらえ方——部門の総時間に注目する

職場に緊張感とスピード感を生み出す

時間当り採算制度では、各アメーバの「時間当り」を算出するため、メンバーの総時間をとらえなければならない。総時間とは、製造の時間当り採算表の場合、各アメーバに所属する従業員の一カ月間の定時間と残業時間、部内共通時間、間接共通時間を合計したものである。

また、アメーバ間で応援などが発生した際には、経費同様に時間実績の振り替えをおこなう(振り替えられた時間は、採算表の定時間、残業時間の欄に含める)。各事業部の共通部門の総時間も各アメーバに割り振られ(部内共通時間)、各工場内の間接部門の総時間についても応分に割り振られる(間接共通時間)。この総時間は、前日の時間実績と月初からの累計実績をメンバーごとに把握できるよう、毎日、アメーバへフィードバックしている。

ただし、パートタイマーの労務費については、時間管理ではなく、経費としてとらえている。そのため、パートタイマーの労働時間を時間当り採算上の総時間には含めていない。

この点について気をつけなければならないことは、パートタイマーを増やして社員を減らせば、経費は若干増えるが総時間が減り、見かけ上、「時間当り」が向上することである。しかし、このような安易な理由で、パートタイマーを多用することは許されない。パートタイマーの採用については、将来の事業展開や組織運営を熟慮した総合的な判断が必要であるため、稟議決裁による承認が必要となっている。

採算表では、時間当りの付加価値を指標としているため、日々の経営活動においては、時間という概念が採算を決める重大な要素となる。ここで重要となるのは、製造にかかった時間（投下時間）だけでなく、その部門の総時間に注目している点である。それは、実際の製造活動をおこなっている稼働時間以外の時間も採算に大きな影響を与えるからである。そのため、アメーバリーダーやメンバーは、自ずと「時間の重要性」を認識することができる。

もちろん、総時間を基準に置いているのは、残業時間の削減をおこなうことだけが目的ではない。時間の概念を持ち込み、現場で働くひとりひとりが時間を意識することによって、職場に緊張感やスピード感を生み出し、従業員が自ら生産性を向上させる職場風土をつくりあげている。このように、全従業員がムダな時間をなくし、生産性を少しでも向上させるよう、時間の使い方を徹底的に工夫していくことが大切なのである。

第5章

燃える集団をつくる

1　自らの意志で採算をつくる――採算管理の実践

①年度計画（マスタープラン）を立てる

アメーバ経営の採算管理におけるサイクルは、時間当り採算表による月次単位の管理が中心となっている。毎月、予定と実績をそれぞれ作成し、予定に対する進捗管理を確実におこなっている。この月次予定のベースとなっているのが、「マスタープラン」と呼ばれる年度計画である。

マスタープランは、会社全体の方針や各事業部における方針や目標を受け、厳密なシミュレーションを繰り返したうえで作成されるべきものであり、「この一年間どのような経営をしたいのか」というリーダーの意志を示すものである。

従業員を率いて会社を経営していくためには、具体的な目標を設定する必要がある。売上、総生産、差引売上、時間当りなどの経営目標が明らかになるよう、具体的な数字で目標を設定することが重要である。しかも、その目標は、会社全体の数字だけでなく、各アメーバ単位にまでブレークダウンされた詳細なものでなければならない。その理由は、共有化された明確な目標がなければ、従業員はそれぞれ勝手な方向に向かい、リーダーの指し示す方向にメンバーの力を結集することができず、組織としての目標を達成できないからである。

しかし、目標を持つといっても、五年先、一〇年先と長期にわたる計画ではあまり意味がない。変化が激しい経営環境のなかでは、市場がどう変化していくかを十分予想することができないからである。そこで、当社では、不透明な経済状況でも将来を見据えた経営をおこなうために三カ年ローリングプランを設けるとともに、より精度が高い一年間の計画を「マスタープラン」として作成し、それをベースに会社を運営している。各年度が始まる前に、経営トップや事業部長の指し示す経営方針や目標にもとづき、すべてのアメーバは、自らのマスタープランを必ず作成することになっている。

目標設定でベクトルを合わせる

マスタープランの作成は、会社方針にもとづき、各部門の責任者が「自分が預かっている事業について、どういう役割を果たさなければならないのか、どのくらい伸ばさなくてはならないのか」を熟慮することから始まる。そのうえで、各事業部長は、「今年一年、どのように事業を進めていきたいのか」ということを思い描き、その「思い」とそれを具体化した方針や目標、およびそれを達成するための方策を、各アメーバリーダーに明確に示さなければならない。

次に、事業部の方針や目標にもとづいて、各アメーバリーダーは、自部門のマスタープラン案を作成する。マスタープランは、自分のアメーバを経営するという観点から、来期の市場予測や製品計画をもとに、売上、生産、時間当りという目標だけでなく、設備や人員なども含めた青写真を描き、月別の具体的な数字で表さなければならない。したがって、前期比何%増といった形式的な計画を立案するものではなく、具体的な事業計画や戦略のもと、何度もシミュレーションして、はじめて作成できるものである。

各アメーバのマスタープランの数字は、事業部単位で集計される。このとき、事業部長はその事業のトップとして「私の事業部はこうありたい」と願望する数字と各アメーバから出てきた数字の合計が合っているかどうかを確認しなければならない。もし、アメーバから出てきた数字が下回っていれば、事業部長は「こうありたい」という強い願望を伝達し、アメーバに組み直させて、互いに得心のいく数字が組み上がるまで話し込む必要がある。その際、各アメーバが自分の掲げた方針や目標に対して、心から納得し、自分のものとしてやる気が出せるようにすべきである。

こうしてできたマスタープランは、事業部であれば、事業部長の「こうありたい」という願望が、アメーバであれば、アメーバリーダーの「こうありたい」という願望が結晶化したものである。その目標を何としても達成していくためには、どんな困難が立ちはだかっていようとも「絶対に目標を達成する」という強い意志と使命感が必要になる。私はこのことを、「潜在意識にまで透徹する強く持続した願望を持つ」と呼んでいる。リーダーはこのような強い願望を持ち、それを部下と共有しなければならない。

経営目標を達成するためにはどうすればいいかを四六時中考えていると、その願望はやがて潜在意識にまで透徹する。このような潜在意識に透徹するほど強く持続した願望こそが、マスタープランを達成する原動力となる。リーダーが燃えるような強い願望と使命感を持ち、その思いを繰り返し、繰り返し、メンバーに訴えることによって、マスタープランは真に共有化された目標となる。

②月次単位の採算管理

月次の採算管理のサイクルは、月初に市場動向や受注状況、生産計画などをベースに詳細な検討をおこない、各アメーバが予定組みをおこなうことから始まる。

この月次予定は、各アメーバが、当月どのように活動していくのかという意志を数字によって表したものである。したがって、当月の売上予想や生産見込みを単に計算したものではなく、リーダーが自ら達成したいと思う目標を定め、その達成を約束するものである。

予定組みをおこなう際に重要なことは、前月の実績をよく把握して、どこに問題があったのかということを振り返ることである。その反省を踏まえて、今月どうしなければならないかという対策を今月の予定にすべて組み込まなければならない。つまり、当月予定を達成するためにどのような問題が予想され、その問題をどうやって乗り越えていくのかを詳細にシミュレーションしたうえで予定を組むことが重要である。予定を立てた段階で、すでに当月の予定に対するアクションプランが明確になっているようでなければ、予定を確実に達成していくことは困難である。

年度計画をベースに立案する

月次単位で予定と実績により採算管理をおこなっていく目的は、マスタープランを確実に達成することにある。したがって、毎月の予定立案の際には、「売上（生産）」「経費」「差引売上（収益）」「時間当り」などの主要な採算項目で、先月までの累計実績と今月の予定を加えた合計がマスタープランに対して計画どおりに進捗しているかどうかを必ず確認すべきである。もし遅れていれば、キャッチアップするために、あとどれくらいの数字が必要なのかを把握し、上積みできるよう、具体的なアクションをとらなければならない。

積み上げ数字を全体でオーソライズする

各アメーバが市場動向や生産計画、経費項目などをひとつひとつ詳細に検討しながら、採算表に落とし込み、予定を作成する。その予定数字を、班、係、課、部、事業部へと順次集約し、ボトムアップで積み上げていく。全社の予定数字とは、最小単位のアメーバから積み上がった合計数字であり、すべてが裏付けのある数字でなければならない。

アメーバのなかには、どうしても予定数字がマスタープランから遅れてしまうものが出てくる。そうすると、集計した予定数字が、事業部のマスタープラン、さらには会社全体のマスタープランに対して足りないということになる。その際、事業部長は各アメーバの予定数字をしっかり分析し、事業部全体の予定数字を再検証しなければならない。

各アメーバの状況を確認しながら、マスタープランを達成できないアメーバに対しては、あらゆる可能性を追求して達成できるよう、見直しを指導する。また、事業部全体の達成が苦しい状況であれば、マスタープランを順調に達成しているアメーバに対しても、予定の上積みができるか、詰めをおこなっていく。

このように、事業部長は、各アメーバの予定数字を単に集約するのではなく、事業責任を担うリーダーとして、マスタープランを何としても達成し、より高い目標にチャレンジする精神を浸透させ、事業部の士気を盛り上げていかなければならない。

アメーバ内で目標を共有する

予定を立案した後、アメーバリーダーは予定達成のため、メンバーに対して予定の内容を伝え、目標を周知徹底させなければならない。

目標を周知徹底させるということは、その目標が自分たちのものになるということである。どのメンバーに聞いても、受注、生産、売上、時間当りなどの今月の予定が、即座に口をついて出てくるまで共有化すべきである。そのうえで、予定達成のための具体的なアクションプランをメンバー個人にまでブレークダウンし、ひとりひとりがその目標を達成することが部門の予定達成につながるのだと実感させることが大切である。

こうして、共通の目標に向けてアメーバの全員が懸命に努力し、目標を達成すれば、その達成した喜びをみんなで分かち合うことができる。このような際、京セラでは、創業以来、コンパをひらき、みんなの健闘を称え、目標達成を喜び合うという伝統がある。そうすることにより、「翌月もがんばろう」という活力が生まれ、より高い目標にチャレンジする気持ちが全員にわいてくることになる。こうした活動を繰り返すことで、マスタープラン達成に向けての大きなエネルギーが生み出されていくのである。

日々の進捗状況を全員が把握する

日々の受注、生産、売上、経費、時間などの主要な実績数字は、翌日には各アメーバに日報として配布される（現在では社内ネットワークによりコンピュータ上で見ることができる)。これによって、アメーバリーダーは、予定に対する進捗状況を確認し、毎朝の職場朝礼などでメンバーに伝達する。さらに、全体朝礼においても、前日までの各部門の実績数字が読み上げられ、全従業員に対して受注状況や生産実績などが知らされている。

こうして日々の実績数字を確認することにより、従業員ひとりひとりが現在自分のやっている仕事がどのように実績数字に結びつくのかを実感することができる。もし、予定に対して実績が遅れていても、メンバー全員で挽回していく方法を検討し、対策をすばやく講じることができるはずである。こうすることにより、アメーバ全員の力がひとつの目標に結集され、集団としての目標の達成につながっていくのである。

予定完遂の強い意志を持って実行する

リーダーは、立てた予定を何としても達成するという、強い意志を持たねばならない。部門経営者として、日々の実績をチェックし、もし問題が発生すれば、その対策を直ちに実行する。リーダーは何が何でも予定を達成しようという強い意志を持って部下を励まし、月末最終日の締め時間まで、全員が一致団結して努力することが重要なのである。

アメーバが、目標達成に向けて最後まで力を振り絞ったところで、会社全体から見れば、わずかな差しか生じないように見えるかもしれない。だが、すべてのアメーバが毎月、予定達成に向けて懸命に努力した結果は、積もり積もって大きな実績の差となって現れてくる。また、完璧な予定の達成を繰り返し目指すことにより、全従業員の意識が否が応でも高まっていく。この意識の高まりこそ、会社の業績を伸ばす原動力となる。

リーダーの強い意志とアメーバ全員の努力が累積した結果が、月次の採算として現れてくる。だから、「先月はたいへん採算が悪化し、利益が出ませんでした」ということが起こるのは、利益が出ないような経営をリーダーがしてしまったからである。月次の予定は、リーダーの強い意志と努力によって一〇〇%達成されるべきであり、安易な言い訳が許されるものではない。

さらに、一カ月を終えたとき、リーダーは「予定を達成するためにどのような手を打ったのか」「その対策は適切だったのか」「立案したとおりの対策を実施できたのか」をしっかりと反省し、経営課題を具体的に抽出することにより、次月の経営改善に確実につなげていくことが大切である。

これらのプロセスを毎月、繰り返すことによって、アメーバの採算向上を図るとともに、メンバーの経営参加意識を高揚させていく。そうした努力を積み重ねることで、リーダーの経営者マインドが高まり、立派な経営者へと成長するのである。このことが、アメーバ経営において、リーダーを育成するうえでの重要なポイントとなる。

2　アメーバ経営を支える経営哲学

アメーバ経営では、各アメーバが「時間当り」を向上させようと日々努力しているが、その方法としては、「売上（総生産）を増やす」「経費を減らす」「時間を短縮する」の三つがある。売上（総生産）を上げるには、注文をより多く確保すればいい。経費を下げるには、ムダを省けばいい。時間を短縮するには、作業効率を上げればいい。

リーダーは、これらの方法を経営のなかで実践していくのだが、採算の向上を図るためには、どうしても必要となるポイントがいくつかある。ここでは、そのなかから特に重要なものを選んで説明したい。

値決めは経営

アメーバの収入の源泉は、お客様への売上金額である。そのため、受注生産であれば、お客様からの受注金額の大小が、製造、営業の各アメーバの採算に大きく影響する。その受注金額を大きく左右する鍵が、製品の「値決め」である。

京セラは、創業当初、弱電用の高周波絶縁材料であるセラミック部品しかつくっていなかった。そのような単品での経営に不安を持っていた私は、絶縁材料を必要とする真空管やブラウン管をつくっているメーカーに、「何か仕事はありませんか」と注文をもらいに回った。

大手のお客様には、先発のセラミックメーカーがすでに入っていた。そこへ生まれたばかりの零細企業である京セラの営業が行くと、「そちらの値段が安ければ買ってやろう」と言われるのがつねだった。見積りを出せば、「別の会社から、これより一五％も安い値段が出ている」などと言われる。営業はあわてて見積書をつくり直して、お客様のところに持っていく。そんな駆け引きによりたちまち天秤《てんびん》にかけられる。

こうして、営業が一五％も安い値段で注文を取ってくれば、製造はそれ以上のコストダウンをしなければならなくなり、たいへんな苦労を強いられることになる。そこで、私は営業に向かってこんな話をした。

「安易な値下げで、製造だけが苦労を強いられるのは、おかしいではないか。値段を安くすれば、注文はいくらでも取れるが、それは、営業として決して誉められたことではない。営業の使命とは、『この値段なら結構です』とお客さんが喜んで買ってくれる最高の値段を見抜くことである。これより安ければ、いくらでも注文が取れる。これより高ければ注文が逃げてしまう。そのぎりぎりの一点を射止めなければならない」

売値が安すぎれば、いくら経費を削減しても採算はあがらない。高すぎれば、売れ残り、在庫の山を抱えてしまう。それゆえ、リーダーは営業の集めてくる情報をとことん調べ尽くし、市場や競合相手の動向を的確に把握したうえで、自分たちの製品の価値を正しく認識して値決めをおこなうべきである。値決めとは、経営の死命を制する問題であり、リーダーが全神経を集中しておこなわなければならないものである。

値決めとコストダウンを連動させる

受注生産でも、在庫販売でも、価格競争の激しい商品の場合、お客様が望む価格では、どうしても採算が合わないことがある。それでも長期的に事業を伸ばしていくために、その時点では十分に採算がとれない、あるいは、原価を割るような値段でも、あえて受注することがある。そのような場合には、値決めをすると同時に、採算を合わせるために、どうすれば原価を安くできるかということを考えておかねばならない。

たとえば、使用している部材を半値で買えないかなどと、安く資材調達する方法を検討する。それがダメなら、設計そのものを見直し、利益が出せる設計に変えていく。市場が決めた売値で採算が合うように、部材のコストダウンを図るだけでなく、設計や製造方法まで見直し、工夫しておくのである。

つまり、リーダーは値決めをおこなう瞬間に、コストダウンの方法も連動して考えておかなければならない。そのうえで、製造に思い切ったコストダウンやそのための方法を即座に指示しなくてはならない。

市場の変化に対応するには、リーダーの使命感が不可欠

昔、当社の情報通信機器部門の前身であるシステックという会社が経営危機に陥り、救済を頼まれたことがあった。

システックは電卓やキャッシュレジスタなどを製造していた会社で、当時はアメリカ市場を中心に電卓の普及が急速に進んでいた。全米のエレクトロニクス輸入市場を牛耳っていたマンハッタンの輸入業者が、「こういう機能の電卓をつくってくれたら、一〇〇万台買おう」などとメーカーに商談を持ちかけてくる。日本のメーカーはその言葉に踊らされて、次々と注文を受け、工場を拡張し、社員を増やし、増産体制を整えた。システックは

このような電卓市場拡大の波に乗り、急成長した企業だった。

しかし、アメリカ市場が飽和状態になり、競争が激化すると、事態は一変した。アメリカの輸入業者は、今度は電卓メーカーに次から次へと値下げを要求してきた。日本のメーカーは、せっかく増産体制を整えたというのに、急に注文がなくなり、焦っていた。それを見越して、アメリカの輸入業者は値下げ要求に拍車をかけてきたのだ。

以前は、システックの社長も、値下げ要求に対応するため、自ら資材業者に直談判し、採算を合わせていた。ところが、会社が大きくなり、忙しくなってくると、いつしかコストダウンも部下に任せきりになっていた。

それでも値下げ要求に応じるため、製造のリーダーは社長に代わって資材業者に値下げを要求するが、資材業者はずっと値下げが続いているからそう簡単に応じてくれない。また、製造のリーダーも、「何としてもこの値段で仕入れなければならない」という強い使命感を持って資材業者と厳しい交渉をおこなうことができなかった。その結果、採算は悪化していくことになる。

だが、すでに社員を増員し、工場も拡張したので、工場を遊ばせておくわけにはいかない。無理を承知で、社長はさらなる値下げ要求に応じざるをえなかった。こうして、システックの採算は悪化の一途をたどり、ついに経営が行き詰まってしまったのである。

この事例が物語っているのは、たとえ経営トップが値下げを決断しても、その値段で採算を合わせようとする強固な意志を持ったリーダーが社内にいなければ、会社は運営できないということである。いくら経営管理システムが確立され、経営の実態が正確に把握できても、最終的に市場価格の下落に対応するのは人間である。このような状況においては、「大幅な値下げをしようと、何としても採算を出すのだ」という強い使命感を持ったリーダーの存在が会社の命運を分かつことになる。

能力を未来進行形でとらえる

京セラでは、創業のころ、お客様から注文をいただいてはじめて生産活動ができるという受注生産の形態が基本だった。もし、必要な受注が確保できなければ、製造現場はたちまち生産するものがなくなり、路頭に迷うことになる。したがって私は、いまどれくらいの受注残があるのか、今月どれくらい生産できるものがあるのかということを、つねに念頭に置いて経営をしてきた。

何とか受注を増やしたいという一心で、私は客先へ売り込みに行った。すると、大手電機メーカーの研究者からは、決まって技術的に難しい製品の依頼が来た。先発の大手セラミックメーカーがたくさんあるなか、創業したばかりの無名の零細企業が売り込みに来たのだから、大手が断ったものしか当社に注文が来るはずがなかったのである。

だが、難しいからといって、それを断ったのでは、会社はやっていけない。何としてでも受注がほしかった私は、たとえその時点の技術ではできない製品でも「できます」と言って受注してきた。会社に帰り、技術者たちに「この製品は、いまのうちの技術ではまだ難しいが、こうやればできるはずだ。早速、実験にとりかかろう」と話した。すると、技術者のなかには、決まって「とても無理ですよ」と言い出す者がいて、みんながやる気を失いかけることもあった。

そんなとき私は、「いまの能力で難しいことは十分承知している。だが、納期まで試行錯誤を繰り返すなかで、私たちの能力は必ず進歩していくはずだ。できると嘘をついてきた注文でも、決して嘘にはしないんだと懸命に努力して完成させれば、嘘をついたことにはならない。納期まで必死にがんばり、製品を完成させよう」と説いた。

「能力を未来進行形でとらえる」ことができる者が、困難な仕事を成功へと導くことができる。「何としても夢を実現させよう」と強く思い、真摯な努力を続けるならば、能力は必ず向上し、道はひらけるのである。

これは、個々のアメーバの経営においても同様である。リーダーは、今後の売上、生産や利益のもとになる受注残がどれくらいあるのかをつねにチェックして、先の仕事を確保するよう手を打つ。受注を増やすために、自ら積極的に行動し、たとえ技術的に難しい製品であっても、また、現在の生産方法では値段が合わない製品であっても、自分たちの能力を未来進行形でとらえてチャレンジし、みんなの懸命の努力により完成し、コストを下げていけば、アメーバの実績を大きく伸ばすことができるのである。

事業を永続的に運営する

時間当り採算制度では、採算を表す指標である「時間当り」に着目してしまいがちだが、「時間当り」さえよければ、それで経営がうまくいくわけではない。

たとえば、製造アメーバの採算表を見ていると、「時間当り」は上がっているにもかかわらず、ある月から、差引売上を総生産で割った差引売上比率が極端に低くなっている場合がある。

このようなことは、製造部門のアメーバが、その工程の大半を社外に委託した場合などによく起こる。外注に出した分、外注加工費が増え、差引売上は減少しているのだが、従業員の労働時間が大幅に減少するため、結果的に「時間当り」が上昇するのである。

この場合、「時間当り」だけを見れば優秀なアメーバとなるが、経営の実態はそうではない。いくら「時間当り」がよくても、付加価値を示す差引売上の絶対額が減少していれば、会社に対する貢献は少なくなっているのである。総生産に対する差引売上比率が小さいということは、事業における付加価値を生み出す力が弱いことを意味しており、従業員を雇用する能力も低いことになる。

したがって、未来にわたって従業員の雇用を守っていくという観点から考えると、「時間当り」を高めるだけでなく、「差引売上比率」も高めていかなければならないということを、リーダーは肝に銘じておく必要がある。時間当りの指標だけを見て経営をおこなうのではなく、差引売上比率などさまざまな観点から、自部門の経営の実態を正しく分析しておかなければならない。

私も、創業間もないころ、ごく少数の知的集団で会社をつくり、その知恵や技術をもとに製品を企画し、他社に生産を委託し、それを販売すれば大いに儲かるのではないかと考えたことがあった。このような考え方をしている会社は実際にある。メーカーでありながら、技術開発や製品開発、設計、販売などに特化し、製造そのものはEMS（Electronics Manufacturing Service＝電子機器の製造請負会社）などの下請け会社に任せるという形態を持つ会社が存在する。

だが、それでは一時的に成功しても、製造業のコアとなるものづくりの技術が社内に蓄積できないため、品質問題を起こすなど、長期的に成功を持続することは難しい。事業に永続性を持たせ、従業員の雇用を長く安定したものにするには、やはり、付加価値を生み出す製造現場を社内につくりあげ、額に汗して、ものづくりに励むべきだと私は考えている。

アメーバ経営においても、外注を増やすことで、自部門の従業員を減らして、「時間当り」をよくすることは可能である。しかし、それでは永続して事業を発展させていくことはできない。経営とは、長期的な視点を持っておこなうべきものであり、製造業であれば自社内で重要な技術を蓄え、創意工夫を重ねて付加価値を高めていくべきである。

製造業におけるアメーバ経営では、ものづくりの基本となるすべての技術を社内に蓄積するためにも、できるだけ外注を使わず、社内に付加価値の高い一貫した生産ラインを構築すべきである。

営業と製造はともに発展するもの

各アメーバが自らの採算を向上させていくためには、営業と製造ができるだけ情報交換をおこない、活発にコミュニケーションを図らなければならない。営業と製造はそれぞれ独立採算であるがゆえに、それぞれの立場を主張し、言い争いになることがある。だが、営業も製造も同じひとつの会社なのだから、どちらかが成功し、どちらかが失敗していいものではなく、お互いに成り立っていかなければならないものである。

営業も製造も同じ会社、同じボートに乗っている運命共同体なのだから、ともに協力し、発展していくしかない。お客様に対してお互いに連携して製品を供給し、サービスを提供していかなければ、トータルな顧客満足を得ることはできないのである。

そのために営業は、競合他社はどのように動いているのか、お客様はどのような製品を求めているのか、その製品にはどのような用途があり、どういう社会的意義があるのかなど、正しい市場情報を製造に伝える。製造も、営業に市場動向や受注状況などを確認するとともに、自分たちの技術レベルを競合他社と比較し、魅力的な製品を競争力のある価格で市場に出す意志があることを営業に伝える。

このような連携が、自主的に、かつ、密におこなえるようになれば、営業と製造の採算はともに向上し、会社全体としての発展につながるはずである。製造と営業は互いに切磋琢磨しながら、思いやりの心を持って協力していくべきである。

つねに創造的な仕事をする

職場のなかで与えられた仕事を一生懸命おこなうことは大切なことである。しかし、自主性を重んじるアメーバ経営では、それだけで十分というわけにはいかない。毎日の仕事のなかで「いままでのやり方でいいのか」ということをつねに考え、よりよい方法を求めていくべきである。昨日よりは今日、今日よりは明日と、与えられた仕事に対し、改善、改良を続けることがアメーバ経営の基本である。

京セラの製品開発の歴史が、そのことを物語っている。創業当初、ブラウン管の絶縁材料である「U字ケルシマ」をつくって、専ら松下電子工業に納めていた。その後、いまつくっている絶縁部品を東芝や日立製作所など他のメーカーにも売っていきたいと考え、新規顧客を次々と開拓していった。また、ブラウン管は真空管の一種だから、真空管に使う特殊絶縁材料としても使えるはずだと考え、新製品を開発していった。

しばらくして、ファインセラミックスを活用できるのは、何もエレクトロニクスの分野だけとはかぎらないと考え、産業機械用部品の市場を開拓した。やがて、米国市場を開拓していく際、トランジスタヘッダーをセラミックスでつくらせてもらうようになった。間もなくそのトランジスタもICに置き換わったが、そのときには、京セラはすでにセラミックICパッケージを開発していた。

その後、一九八〇年ごろには、無線通信機器を製造していたサイバネット工業を救済したことがあり、工場だけでなく技術者を含めて京セラが引き受けることになった。その後、私が第二電電（現KDDI）で携帯電話事業を始めたことから、当社でも携帯電話端末の開発を開始し、サイバネット工業出身の技術者とともに携帯電話を次々に開発していった。現在では、携帯端末だけでなく、PHS端末や基地局まで製造し、当社の重要な事業の柱となるまで成長してくれた。

同様に、プリンタ事業についても、小さな事業からスタートして、当社独自のアモルファスシリコンドラムを使った独創的な製品、エコシスプリンタを開発した。現在では、京セラミタの複写機技術との融合を図り、グローバルに事業を成長させている。

このような技術変遷を最初から予見していたわけではない。ただ現状に満足することなく、新市場開拓や新製品開発などあらゆることに創意工夫を重ね、果敢に挑戦していったことが、今日の京セラをつくりあげたのである。

人は誰しも、自分の専門技術の範囲を超える分野に乗り出していくことを躊躇《ちゅうちょ》するものである。だが、自分の殻に閉じこもったままでは、化石のようになるまで既存事業を続けることになり、技術の進歩は一切期待できない。つねに新しいものを創造したいという強い思いがあるのなら、たとえ専門知識が不足していても、その道の専門家に相談したり、専門知識のある人を採用するなど、技術や事業の範囲を広げていけるはずである。

いつまでも現状にとらわれるのではなく「つねに創造的な仕事をする」ことが、アメーバを成長させ、ひいては会社を発展させていく、最も基本的な行動指針である。

具体的な目標を立てる

経営においては、具体的な目標を立てることが大切である。マスタープランであれば、経営者としてこうありたいと思う、売上や総生産、経費などの採算表の全項目を来期について月別に作成しなければならない。

その場合、「現在の売上を五割増しにして、もっと大きな事業にしたい」など、こうありたいと思う月次売上の数字を最初にあげ、「それだけ売るにはこれだけ経費が発生するだろう、すると採算はいくらになる」と自分自身で計画数字を練り上げていく。

時間当り採算表の実績については、経営管理部が集計した表が、各アメーバに配布されている。だが、マスタープランなどの計画を立てる際には、各アメーバのリーダーが、自分で売上、経費、時間当りなど、こうありたいと思う数字を考え抜き、自分で時間当り採算表をつくらなければならない。

この目標数字は、リーダーがこうありたいと思う目標であり、リーダーは「目標を必ず達成する」という強い意志を持つ必要がある。たとえば、今月これだけの総生産をあげるのに受注が足りないなら、製造のリーダーであっても、営業に同行して注文を取りにいくなど、強い意志を持って毎月の目標達成のための具体的方策を実行していかなければならない。

さらに、前述のとおり、メンバーと目標を共有していかなければ、目標達成は不可能である。会議やコンパを通じて、「今年、私はこういうふうに経営していきたいと思う。売上はこういうふうに伸ばしていきたい。経費や時間はこれぐらいかかるだろうが、時間当りや利益率はここまで伸ばしていきたい。そのため、これだけ受注を増やさなければならないが、私は営業と一緒に客先を訪れ、受注を増やすようにがんばる。君たちは工場を守ってくれ」というように、メンバーの具体的な役割と行動目標を明確にすることが重要である。

そのように、アメーバリーダーは、こうありたいと思う一年間の月次目標を時間当り採算表の形で表し、売上、経費などすべての項目が実現できるよう具体的な行動まで考え抜き、メンバーとともに果敢に行動していくことが求められている。

ひとつひとつのアメーバを強くする

アメーバ経営では、会社の組織を多数のユニットオペレーションであるアメーバに分割し、その運営をリーダーに委ねている。すべてのアメーバリーダーは、自分の任された事業を立派に運営し、自ら作成した計画を遂行する責任がある。特に多くのアメーバを束ねている事業部長は、すべてのアメーバが計画を遂行すると同時に、採算を向上させるようにしなければならない。

したがって、京セラには、ひとつのアメーバの採算は悪化しても、他のアメーバの採算がよくなるから構わない、という考え方はない。たとえば、新製法や新技術により、製品のつくり方を見直す場合も、事業部長は工程全体のコストを下げることは当然であるが、それ以前に各工程のアメーバにおいて採算が向上するようにしなくてはならない。もし、ある工程に新技術を導入することによって製造部門全体の採算があがるとしても、その工程の採算が悪化したままであることは許されない。そのような考え方で事業部長が経営するなら、甘えが生まれ、事業部全体の採算にも悪影響が出てしまうからである。アメーバ経営は、それぞれの部門が経営を向上させようと懸命に努力することにより、会社全体も向上させていくことができるという考え方に立っているからである。

そのため、それぞれの部門を預かるリーダーは、他部門からの理不尽な要求に対し、唯々《いい》諾々《だくだく》と妥協しているようでは話にならない。たとえ、事業部長からであろうと筋の通らない要求に対しては、喧嘩をするぐらいの激しい気迫がなくては、経営することはできない。会社全体のことを考えながらも、お互いに自分の組織を守ろうと必死にがんばることが重要なのである。

「会社全体のために」という意識を持つ

アメーバ経営を実践していくと、担当している事業を守り、また伸ばしていくために、リーダーが優秀な人材を自部門に囲い込むようなことが起こる。リーダーにしてみれば、せっかく自分のところで育てた優秀な部下を「他の部門へ出しなさい」と言われても、簡単には承服できないかもしれない。しかし、それでは適材適所の人材配置ができなくなり、会社全体の進歩発展が阻害されてしまう。したがってリーダーは、会社全体という見地からエゴを捨て、優秀な人材を組織の枠を超えて活躍させたほうが会社発展のためであると考えるべきである。

また、アメーバ間の社内売買価格を決める場合、会社全体のためにどうあるべきかという考え方をまず持つべきである。たとえば、気の強い、声の大きいアメーバリーダーが我を通して、不公平な値決めをしてしまうことがある。私は、そういう場面を見つけては、「おい、なぜ自分のことばかり考えて、相手のことを考えないんだ。そんなに利己的な考え方ではリーダーとして失格だ」とよく叱ったものである。

これらの事例が教えるように、個々のアメーバの成功と全体の繁栄が矛盾してはならない。ひとつの部門だけがうまくいったところで、会社全体が悪くなってしまえばまったく意味がない。アメーバリーダーは、自部門を守り、発展させていくという強い使命感を持っていなくてはならないが、同時に、すべての判断の根底に、「会社全体のためには、どうあらねばならないのか」という意識を持つことが必要なのである。

エゴイスティックなリーダーがいると会社全体が困るという例として、アメリカで現地の営業担当を採用し、営業展開を始めたころ次のようなことがあった。先述したとおり、できもしないような注文を「できる」と言ってとってきたため、ときには約束した納期に遅れるなど、トラブルを起こすことがあった。そこで、お客様に待っていただくため、営業が何回も頭を下げに行くことになる。だが、アメリカの営業担当のなかには、それでは自分が立場を失ってしまうので、お客様のところへ行って「当社の製造はでたらめです」というようなことを平気で言う者がいた。

そのとき、私は「あなたの言ったことは事実かもしれないが、もし日本の製造が信用できないとなれば、会社全体の信用は失墜してしまうではないか。自分のことも大事だろうが、会社がビジネスを失ったのでは何にもならないはずである」と言って聞かせた。このような事例が実際にあったので、私は営業や製造に対して、「会社全体の一員であるという意識をつねに持ってほしい」と強く訴えてきた。

リーダーは、同じ会社で働く同志として、会社全体の視野に立ち、「人間として何が正しいのか」という一点をベースに判断しなければならない。自らのアメーバを守り、発展させることが前提だが、同時に、会社全体のことを優先するという利他の心を持たなければアメーバ経営を成功させることはできないのである。

リーダーは先頭に立ち、現場に任せきりにしない

最後に、アメーバ経営で陥ってはならないことを述べたい。

下位のリーダーが成長してくると、組織のより上位に立つリーダーが、各アメーバの運営を育ってきたリーダーに任せてしまって、自分は旗振りをするだけの存在になってしまうことがある。アメーバ経営は、リーダーはもとより従業員ひとりひとりが、それぞれの目標を自主的に達成していこうとするシステムであり、短期的には、上に立つ者が多少力を抜いていても、末端の組織がしっかりしていれば何とかなってしまう場合がある。しかし、そのようなことでは、会社が発展していくはずがない。

社長時代の私は、営業、開発、製造で、問題が起これば自ら陣頭指揮に当たり、客先や現場を走り回っていた。暇さえあれば現場へ足を運び、問題を抱えている部門を訪れては、その解決に全力を尽くした。各々のリーダーには、その経営を任せていたのだが、すべてを任せきりにはせず、個々のアメーバが抱えている問題を熟知し、現場へ行ってはそ

の解決の手助けをしながら、みんなを激励していたのである。

さらに、私は経営者として、会社の将来をどのように伸ばしていくのか、その進むべき方向をつねに考え、会社全体にかかわる重大な決断をおこなうなど、経営者に求められるより高度な職務も果たしていた。

みんなのために重責を果たそうとする経営者の後ろ姿を見ているから、従業員は会社のために自分の責任を必死に果たそうとするのである。アメーバ経営では、事業部長など、責任の重いリーダーほど先頭に立ち、人一倍の努力をしなければならない。

3　リーダーを育てる

経営者意識を高める究極の仕組み

京セラが成長してきた要因のひとつには、アメーバ経営という優れた経営管理システムの存在があげられるが、これは冒頭から述べているように、人の心をベースにした経営風土があってはじめて機能するものである。どんな合理的な経営管理システムがあったとしても、それを活用するリーダーやメンバーにやる気がなければ、目標を実現することはできない。すばらしい採算制度があるから、現場の採算が向上するわけではない。現場のメンバーが、何としても採算を向上させたいと思うからこそ、自らの意志で高い目標にチャレンジし、採算が向上していくのである。

アメーバ組織をひとつの生命体としてまとめていくには、その集団のリーダーの考え方と行動が大変重要となる。まず、リーダーは、「自らの組織を、このようなすばらしい部門にしたい」という夢を思い描かなければならない。自らの組織を理想的な部門にしたいという強い願望を持ち、その実現に向けて自分の持つすべてのエネルギーを集団に注ぎ込むことが大切である。

どの会社でも、そのような資質を備えたリーダーが十分そろっているわけではない。だが、たとえ十分な資質を備えていない人材であっても、リーダーとして抜擢され、その部門を任せられれば、やがて責任感や使命感が生まれてくる。目標に向かって自部門を統率するために、メンバーのやる気を生み出すなどさまざまな経験を積み重ねていくことにより、人心掌握や採算管理などの能力を高め、リーダーは成長していくのである。

それと同時に、組織のメンバーも、リーダーとともに自らの目標を達成していくなかで自ずと経営者意識を高めていく。このようにアメーバ経営は、リーダーを育成し、全従業員の経営者意識を高める究極の教育システムである。

会議での発言を通して考え方を正す

リーダーの育成においては、経営トップをはじめとする経営幹部が、各部門の経営に対して適切な指導や評価をおこなうことが重要なポイントとなる。

そのような生きた教育の場として、私は会議を活用してきた。幹部会などの経営会議では、時間当り採算表をベースに前月の実績と当月の予定を各部門のリーダーが発表する。このときの発表内容や議論を通して、そのリーダーの考え方や仕事に対する姿勢を厳しく指導することで人材を育成してきた。

たとえば、会議で発表を終えた製造の責任者に対して、ある営業担当者が「あの製品はいつできますか」と質問した。するとその製造責任者から「何日を目標にしてやっています」という返答があった。そのとき私は、「なぜ『何日までにやります』と答えないのか。『何日を目標にやっています』という答えには、できなかった場合の予防線が張られている。そんな逃げ腰で納期が守れるわけがない。何としてもやり通すという決意でやらなければ何事もうまくいかない。そういう返答をする君自身の心構えをまず改めなさい」と指導したことがあった。

私は、言葉とは「言霊《ことだま》」であり、その人の「心」や「魂」が自ずと表れるものだと考えている。特にリーダーの発言は、部門のメンバーにも大きな影響を与えるものである。だからこそ、私は、リーダーたちの発言を通して、考え方や心のありようを正すことに多大な時間を費やしてきた。

会議では、経営幹部が各部門の状況を正確に把握し、今後、事業をどのように進めていくのかを議論すると同時に、リーダーの考え方を指導、教育することが重要である。

高い目標を立て、毎日を全力で生きる

会社というものは、低い目標を立てれば低い結果しか得られない。業績を大きく伸ばしていこうとすれば、どうしても高い目標を立てる必要がある。

京セラがまだ零細企業であったころから、私はともに働く仲間に対して、「いまに、京セラをこの原町一の会社にする。原町一になったら、西の京一の会社にする。次は中京区一、京都一にしよう。京都一になったら、日本一、日本一になったら世界一になろう」という壮大な夢を語り続けてきた。その当時は、現実とかけ離れた大きな夢だったが、それでも「いつか世界一になる」と、ことあるごとにみんなに訴え続けた。その結果、みんなが高い目標に向かって全力を注いでくれるようになったのである。

その一方で私は、短期的な目標として、マスタープランや月次予定といった具体的な目標の達成に懸命に努力してきた。「今日を全力で過ごすことによって、明日が見えてくる。今月を一生懸命仕事に取り組めば、来月が見えてくる。今年を精一杯生きるならば、来年が見えてくる。毎日、全力を尽くして生きていくことこそ大切なのだ」と説いてきた。偉

大な事業というものは、高い目標を持ちつつも、一日一日を全力投球することによってしか成し遂げられないものである。高い目標を目指して営々と努力を積み重ねた結果が、今日のグローバル企業、京セラをつくりあげてきたのである。

アメーバ経営を運営する場合にも、リーダーが高い目標を立てて、その実現に向けて、今日一日を懸命に努力をすることが大切である。リーダーはあらゆる可能性を追求して、詳細なシミュレーションを繰り返し、できるだけ高い目標を設定したら、後はその達成に向けて全力を尽くすべきである。そうすれば、各アメーバは高い目標に向かって力を集中することができるので、会社全体の業績も確実に向上していく。

月次の予定やマスタープランなどの目標を達成する際には、さまざまな問題や課題が発生する。リーダーは、そういったあらゆる困難を、何ものにも屈しない強固な意志と誰にも負けない努力により、乗り越えていかねばならない。そうした試練を繰り返すことにより、リーダーは、経営者としてふさわしい能力や考え方を自然と身につけていくのである。

高い目標に向かって、集団を正しく導くため、リーダーは、どのように行動すべきか、判断すべきか、あるべき姿をつねに追求していかなければならない。それを繰り返すことにより、リーダーは人間としてより大きく成長し、メンバーからの信頼と尊敬を受けるようになる。

事業の意義と判断基準を共有する

会社には、製造部門だけでもさまざまなアメーバが活動している。そのなかで花形製品を扱い、好調な業績を収めているアメーバもあれば、既存商品を長年守り続けているアメーバも、新規事業を展開しようとしているアメーバもある。それぞれのアメーバを取り巻く環境に違いはあるが、どのようなアメーバであれ、自部門の事業を伸ばしていくには、まず、その事業の目的や意義が明確になっていなければならない。

リーダー自身にとってもそうなのだが、集団が心をひとつにして事業に邁進するためには、どうしても事業の「大義名分」が必要となる。その事業が世の中に対してどのような意義を持ち、どのように貢献するのかという、次元の高い目的が必要となる。

先に述べたとおり、当社の経営理念は、「全従業員の物心両面の幸福を追求すると同時に、人類、社会の進歩発展に貢献すること」である。「全従業員」には、従業員だけではなく、経営者である私もそのひとりとして含んでいる。経営陣も社員も含んで、上も下も全部の人たちの幸せを追求する。併せて、技術や事業を通じて人類社会の進歩発展に貢献したいという意味で、「人類、社会の進歩発展に貢献する」と付け加えたのである。

この経営理念は、創業当時、経営者として何の経験もない私が定めた非常にプリミティブなものであったが、この会社に集《つど》ったみんなが幸せになるためにつくった会社であり、同時に、事業を通じて人類社会の進歩発展にも貢献したいという経営の目的を掲げたものである。会社の目的というのは、このように大義名分に適っており、従業員や顧客など、すべての関係者の共感を得るものでなければならない。

したがって、経営トップは、「なぜこの事業をするのか」という事業の意義や目的を明らかにし、それを各部門のリーダーに対して日頃から十分に伝えていかなければならない。さらに、それぞれのリーダーも、その意義や目的を自分の預かっている事業に当てはめながら、自分の言葉でメンバーに語りかけ、その意義を浸透させていく必要がある。そうすることにより、はじめて従業員は心をひとつにして仕事に打ち込むことができる。

また、経営とは日々の判断が集積したものであり、その結果が実績となって現れるものである。したがって、リーダーは特に正しい判断を要求されるのだが、そのためには「人間として何が正しいか」という普遍的なフィロソフィを持つように普段より努力しておかなければならない。

リーダーは、自らが正しい判断基準を身につけながら、その判断基準をメンバーとのあいだで共有できるようにすべきである。会議や現場など経営のあらゆる場面において、正しい判断の仕方や問題の解決方法をリーダーが指導、教育し、それを繰り返すことにより、メンバーとのあいだでフィロソフィを共有化し、経営者としての意識を高めていくことが最も大切である。

あとがきに代えて

「アメーバ経営」は、京セラグループになくてはならない経営手法であり、何の違和感もなく全従業員が日々の仕事で使っているが、これまでその背景にある思想や仕組みを正式に文書化したものはなかった。

私が経営の第一線から離れるなか、アメーバ経営の真髄を伝える書籍の編纂が長年の課題となっていた。そこで、忙しいスケジュールを縫って、約五年にわたり、京セラ幹部を一堂に集め、私が「アメーバ経営講義」をおこなった。その内容を凝縮したものが、本書のベースとなっている。

したがって、私の講義に、京セラ役員・幹部の意見を加え、アメーバ経営の経営思想、経営管理手法を体系的に編集することができたと思う。手前味噌かもしれないが、このアメーバ経営の管理会計システムが、会計分野での新境地を切り開くものではないかと考えている。

アメーバ経営は、私が長年にわたり苦労して築き上げた独自の経営管理手法であり、京セラの高収益経営の根幹をなすものなので公開すべきではない、という意見も社内にはあった。しかし、日本経済新聞社の波多野美奈子氏が熱心に出版を勧めてくださったので、日本経済の発展に少しでも役立つならばと出版することにした。彼女の熱意がなければ、本書は出版にまで至らなかった。また、編集に関して、伊藤公一氏にたいへんお世話になった。両氏に心より感謝したい。

本書を編集するにあたっては、KCCSマネジメントコンサルティング株式会社代表取締役社長・森田直行、代表取締役副社長・藤井敏輝、取締役・松井達朗、取締役・原田拓郎、出版セミナー部長・平井正昭の協力にも感謝したい。同社は、日頃よりアメーバ経営のコンサルティングにあたっており、すでに多くの会社の業績向上に実績をあげている。

また、本書の編集や各種資料の作成に関して、京セラ株式会社執行役員・大田嘉仁、執行役員・満田正和、顧問・石田秀樹、教育企画部長・高津正紀、経営管理本部企画部長・檜物省一、秘書室・木谷重幸、京セラミタ株式会社執行役員・米山誠の協力に謝意を表する。

稲盛和夫
(いなもり・かずお)
1932年、鹿児島県生まれ。鹿児島大学工学部卒業。59年、京都セラミック株式会社（現京セラ）を設立。社長、会長を経て、97年より名誉会長を務める。84年には第二電電（現KDDI）を設立、会長に就任。2001年より最高顧問。2010年 2月、日本航空会長就任。このほか、84年に稲盛財団を設立し、「京都賞」を創設。毎年、人類社会の進歩発展に功績のあった人々を顕彰している。また、若手経営者のための経営塾「盛和塾」の塾長として、後進の育成に心血を注ぐ。
主な著書に『稲盛和夫の実学』『稲盛和夫のガキの自叙伝』『稲盛和夫の経営塾』(ともに日本経済新聞出版社)、『生き方』(サンマーク出版)、『働き方』(三笠書房）などがある。

稲盛和夫オフィシャルホームページ
http://www.kyocera.co.jp/inamori/

第１章、第３章扉写真　神崎順一

本書は二〇〇六年九月に日本経済新聞出版社より刊行した同名書を文庫化したものです。

なお、「あとがきに代えて」は刊行当時のものを収録しました。

日経ビジネス人文庫

アメーバ経営《けいえい》

ひとりひとりの社員《しゃいん》が主役《しゅやく》

2010年10月1日 第1刷発行
2012年10月18日 第6刷

著者
稲盛和夫
いなもり・かずお

発行者
斎田久夫

発行所
日本経済新聞出版社
東京都千代田区大手町1-3-7 〒100-8066
電話(03)3270-0251(代) http://www.nikkeibook.com/

ブックデザイン
菊地信義

印刷・製本
凸版印刷

Printed in Japan ISBN978-4-532-19557-1

nbb 好評既刊

日経スペシャル ガイアの夜明け 闘う100人

テレビ東京報道局＝編

企業の命運を握る経営者、新ビジネスに賭ける起業家、再建に挑む人。人気番組「ガイアの夜明け」に登場した100人の名場面が一冊に。

日経スペシャル ガイアの夜明け 2011

テレビ東京報道局＝編

電気自動車戦争、驚異のチャイナマネー、売れない時代に売る極意など、2009年から10年にかけて放映された番組から21話を収録。

日経スペシャル ガイアの夜明け 復興への道

テレビ東京報道局＝編

想像を絶する大惨事となった東日本大震災。多くの人たちの生活をいかに取り戻し、守るか。復興に挑む人たちと現場の闘いを追う。

ワールド・ビジネスサテライト 技あり！ ニッポンの底力

テレビ東京報道局＝編

真空式トイレ、タマゴのヒビ検知器――。隠れた日本の技術力を紹介する「ワールド・ビジネスサテライト」の人気コーナーを文庫化。

ワールド・ビジネスサテライト 再生ニッポン

小谷真生子
テレビ東京報道局＝編

沈滞ムードが漂う日本経済。ワールド・ビジネスサテライトのコメンテーターが集結し、経済活性化の具体的な処方箋を提言！